大学英语翻译理论与教学研究

聂影影　郭小华　刘卫洁 ◎ 著

中国出版集团　现代出版社

图书在版编目（CIP）数据

大学英语翻译理论与教学研究 / 聂影影，郭小华，
刘卫洁 著. -- 北京：现代出版社，2023.11
ISBN 978-7-5231-0608-2

Ⅰ．①大… Ⅱ．①聂… ②郭… ③刘… Ⅲ．①英语－
翻译－教学研究－高等学校 Ⅳ．①H315.9

中国国家版本馆CIP数据核字(2023)第207628号

著　　者　聂影影　郭小华　刘卫洁
责任编辑　刘　刚

出 版 人　乔先彪
出版发行　现代出版社
地　　址　北京市安定门外安华里504号
邮政编码　100011
电　　话　(010) 64267325
传　　真　(010) 64245264
网　　址　www.1980xd.com
印　　刷　三河市宏达印刷有限公司
开　　本　889mm×1194mm　1/16
印　　张　11
字　　数　247千字
版　　次　2023年11月第1版　2023年11月第1次印刷
书　　号　ISBN 978-7-5231-0608-2
定　　价　78.00元

ABC 前　言

随着信息技术的快速发展和经济全球化时代的到来，我国与国际交流越来越密切，以英语为代表的外语教学地位日益提高。大学英语翻译作为高等教育中的一个基础科目，其教学水平以及教学质量的发展，受到社会各界的普遍重视。研究英语翻译理论与实践的关系，从而实现良好的英汉互译，向来都是英语翻译学习追求的目标。

基于此，笔者以"大学英语翻译理论与教学研究"为题，具体探讨大学英语翻译理论与教学审视、大学英语翻译的运用方法辨析、大学英语翻译的内容层次解读、基于文化视角的大学英语翻译、大学英语翻译混合式教学延展、大学英语翻译教学信息化研究这六个方面的内容。

本书具有以下特点：

第一，以实用性为牵引，科学合理安排章节内容。本书从基础的角度切入，对全书的整体架构、章节内容作了科学编排，注重英汉语言差异的分析，适合从事教育行业的工作者和学生参考使用。

第二，语言表述力求通俗易懂，简明扼要。本书从多个层面对大学英语翻译教学进行了理论分析，并从多个角度进行了教学实践方面的阐述。

第三，全书结构清晰，客观实用，达到理论与实践相结合，有较强的前沿性与可读性，为建立现代意义上的大学英语翻译与教学提供理论支持。

笔者在写作的过程中，大到框架，小到细微的具体知识，都进行了细致的考察，撰写团队的每位成员尽其所能、保质保量地完成任务，确保本书达到了预期目标，希望能够奉献给广大读者一本实用的好书，但是时间仓促，难免出现一些问题，希望各位读者不吝赐教。

作者

目 录

第一章 大学英语翻译理论与教学审视

第一节 大学英语翻译原则与教学特征

一、大学英语遵循的翻译原则

（一）以学生为中心的原则

"面对教育新形势和社会经济发展需求，在大学英语翻译教学中，大学英语教师只有与时俱进，对翻译教学进行创新发展，才能提升学生英语翻译水平，满足社会发展需求"[①]。如今，传统的英语教师角色发生了前所未有的革新，仅仅是进行知识的传递已经无法与教师这一角色的本质诉求相匹配，所以，教师应该在课堂组织的过程中彰显学生的重要性，构建和谐发展的师生交互模式。在这种教学模式的基本理念当中，强调英语教学其实是针对语言的一种创新应用，它囊括文化教学、语言教学、心理调适、思维训练等多方面的内容，凸显了学生的课堂中心地位。

英语教学越来越重视课堂交互式的创建，重视培养学生的创新能力以及语言的实践应用能力，所以，要在英语教学的过程中突出背景性知识，凸显文化素养提升的关键意义与价值。同时，这一教学观念突出的是学生在教学中的主体性，强调教师的"教"从某种意义上只是发挥引导的角色，学生是主动的，是富有创造性的存在，他们对知识的接受是具有主动性的。英语教学要发挥学生的个性，让他们形成自己的学习风格，养成良好的思维习惯，掌握系统的学习策略，将非智力因素的作用发挥到极致。综上所述，强调学生的主体性其实也是对学生自我能力的一种培育，是对学生积极性的内在激发，是对学生学习动能作用的深入探索，也是引导学生形成自己独特学习风格、发挥学习积极性的重要实现路径。

在传统教学形式下，教师的权威性毋庸置疑，因而学生对教师常常是敬而远之，经常都是教师在讲台上讲得有板有眼，学生在底下被动接受。从本质上而言，这种教学具有很明显的传统思维特征。在新的教学模式下，角色的转换是首先需要考虑的事情，谁是主

---

① 魏洁.功能翻译理论在大学英语教学中的价值与应用[J].科教文，2020（34）：187.

导，谁是主体的问题应该明确。教师应该成为课堂的引导者，学生应该发挥主体作用，提升英语素养，将掌握的英语知识更好地应用于实践。与传统模式下教师是整个课堂的中心不同，现代化的模式突出了学生在课堂中的关键地位与价值。

从认知学的角度来看，教学具有明显的交互性，知识不是由教师传递给学生的，而是学生通过自身的努力所获得的。学生与教师之间的关系应该具备合作的特性，换言之，师生的关系是合作共赢的，而不是一方牵制着另一方。因此，教师一定要正确理解"以学生为中心"的思维理念，它并不意味着教师失去了往日的权威价值，教师的身份应该摆正，其引导作用应该充分发挥出来。"以学生为中心"同样强调学生技能的培养，并且也没有忽视学生基础知识的掌握，这种模式兼顾理论的掌握和实训技能的提升，是为了让学生将学习的知识应用于社会实践当中，具备更强的技巧，进而提升自身的应用水平。

英语翻译的学习对学生本身而言，是重新架构专业知识、总结经验、筑牢实践学习经验的过程，教学人员在其中的定位是"引导者""协调员"。学生要认识到自身定位从被动接受到主动参与的转变，从而成为知识的自主探究者和意义构建的主体，最终成为知识的主人。以学生为中心、坚持以人为本的教育理念，并非让教学人员完全遵循学生意图、听之任之，恰恰相反，是对教师的教学提出更高要求。这些要求归纳起来，需要教学人员从三个方面进行能力提升：①转变自身角色。学生通过教学过程获取知识来源并非只有教师，教师的职责使命也并不是单纯地传授知识，而是引导学生探索学习方法、解决学习问题、达成学习目标。②着力增强学生的创新意识，提升学生的创造性、发散性思维水平。③开展教学活动时要讲究方式方法，使其兼具灵活性、趣味性和可操作性，有效利用生活环境，使课内外相互配合，并适当开设专家讲座传授经验。

（二）循序渐进的原则

翻译是一项复杂的双语转换活动，不仅涉及语言自身差异，还涉及其他因素，如文化等。因此，学生翻译水平的提高，并不是一朝一夕能实现的。另外，翻译教学也不能操之过急，应当本着循序渐进的原则，按部就班地进行。具体而言，需要教师做到三个方面：①从学生最熟悉的主题和层面着手，选择恰当的篇章内容；②从学生最了解的主题和层面着手，选择合适的文章题材；③遵循循序渐进的原则，详细地阐释原文语言内涵要义，避免急于求成。

（三）激发学生学习兴趣的原则

兴趣是最好的教师，是推动学生学习的重要动力。学生英语学习成功与否，在很大程度上取决于他们对英语的学习兴趣，翻译教学工作也是如此。另外，作为一项复杂且难度较高的双语转换工作，翻译练习对于任何学生而言是枯燥的，尤其是对语言基础不牢、专业知识不精的学生而言，更是难上加难，种种原因成为无法激发学生学习兴趣的阻碍。因此，教学人员需要把激发热情、培养兴趣当作引导学生主动学习的基石。教师可以结合以下三点建议进行学生兴趣培养环节的开展与实施。

第一，进行情景教学。翻译教学要一改传统教学作风，认识到学生才是教学主体，深入贯彻"以学生为中心"的教育理念。教师在教学中不能一味地讲述翻译的基本理论或技巧，而是要注意活跃课堂气氛，引导学生做课堂上的主人。对此，教师可以创设一些活动情景。例如，在翻译商务文体时，教师可以为学生创造商务翻译活动情景，在模拟情景中，学生既可以真正了解工作所需要的技能，又能体会到翻译工作的不易，同时在相互合作与协商中完成翻译任务，使学生体会到团队合作的重要性，从而培养团队意识与合作精神。

第二，充分利用多媒体和网络等教学手段。随着多媒体技术的发展，与多媒体相关的各种教学手段也被应用在英语教学中。教师借助网络，可以有效提高学生对翻译课程的学习兴趣，从而提高学生的学习动机以及自主学习能力。

第三，进行案例教学。以商务英语翻译教学课程为例，教师可以根据相应的课程设计，寻找与某一单元主题直接相关的翻译案例。需要注意的是，所选取的案例内容要足够新颖，最好与学生的专业或社会实际密切相关，这样才能切实有效地激发学生的翻译兴趣。教师将翻译教学巧妙地贯穿到案例讲解之中，不仅可以讲解和翻译相关的知识，还能渗透相关翻译技巧，化枯燥于无形，从而提高课堂教学效果。

二、大学英语翻译的教学特征

（一）由浅入深的特征

"翻译、语言与思维的关系一直是国内外翻译学、语言学乃至哲学研究的重要课题"[①]。翻译能力的提高不可能一蹴而就，而是要经历一个过程。翻译教学应遵循由浅入深的规律，所选的语篇练习也应该是先易后难，逐步帮助学生提高翻译能力。从篇章的内容来看，应该是从学生最熟悉的开始；从题材来看，应该是从学生最了解的着手；从原文语言本身来看，应该是从浅显一点的渐渐到难一些的。这样由浅入深，学生们对翻译会越来越有信心，兴趣也会逐渐增强，翻译技能也会相应得到提高。

（二）题材丰富的特征

如今，社会迫切需要实用型、综合型的翻译人才。因此，翻译练习的材料应该做到多

---

① 宋聚磊. 汉语重叠与其英译双重对比研究——以《西游记》和两译本为例 [J]. 北京科技大学学报（社会科学版），2022，38（5）：543.

样化和系统化，这样才能更好地满足社会对翻译人才的需求。教师在教学过程中，要遵循题材丰富的原则，让学生接触不同的文体，进行有针对性的训练。具体而言，翻译的文体应该涵盖各种实用文体，如广告、新闻、法律、影视、科技、文学等。此外，教师需要注意，每一种文体的练习都不是孤立进行的，教师可以将学生翻译中的常见问题进行归纳与总结，如果某类翻译问题，在某种文体练习中出现得比较多，那么教师要即时进行解决，帮助学生更顺利地进行翻译训练。

（三）学以致用的特征

学习翻译是为了将来进行交际，所以在翻译教学中教师要遵循学以致用原则，尽可能地为学生创造实践机会，如安排学生到翻译公司参与实际的翻译工作。翻译的优劣最终取决于译文读者的反馈，译作能否被接受要看是否符合客户的需求。这就决定了翻译教学不是封闭的，而是一门实践性很强的课程。因此，学生在正式从事翻译工作之前，进行一定的社会实践锻炼是非常有必要的，这有利于他们在毕业之后，快速融入社会环境，更好地投入工作。

（四）注重文化的特征

外语学习本身是一种跨文化交际活动，翻译学习也是如此，它要求学生应该了解不同文化背景国家的思维习惯、风土人情等。因此，教师应该时刻注重不同文化的特征，并努力将学生置于文化语境中，重点培养学生的文化信息转换能力。

第二节　大学英语翻译人才的培养方向

一、大学英语翻译人才笔译能力的培养方向

（一）大学英语翻译人才的笔译过程

1. 大学英语笔译的理解阶段

大学英语笔译的理解阶段，主要包括以下三个方面：

（1）理解语言现象。

第一，理解词汇含义。英语中经常会出现"一词多义"的情况，而且原文中有些词的意思，并不与字面意思完全一致，其真正意思是对原词的一种引申。所以，在翻译过程中要特别注意此种情况，要结合上下文意思，正确理解每个词在本文中所代表的含义。

第二，理解句法结构。因为中国人与西方人在价值观以及思维方式上都有很大差异性，所以在句子结构方面，英语与汉语的区别也十分明显。在对这两种语言进行翻译时，要对原文所使用的句法结构认真加以理解，经认真解析后再确定翻译方式。

第三，理解惯用法。不论是英语还是汉语，都有非常多的习惯性语言用法。如果从表面上看，英语和汉语似乎能够直接相互翻译，但实际上形成的词语所具有的褒贬色彩却可能不同，含义也有差别。所以，译者要对不同语言所习惯使用的表达方式有准确理解，这样才能够避免出现误译的情况。

（2）理解逻辑关系。实际上，翻译可以被看作一种逻辑思维活动。因为译者首先要在逻辑思维层面理解原文中各个句子之间的关系；其次再根据目的语的表达方式以及语法使用规范，对它们进行处理。

（3）理解文化背景。翻译并不是一种简单地将语言进行转换的活动，还会涉及语言背后的文化因素，所以应当将翻译视作不同文化之间进行的交流。在翻译过程中，译者要对目的语文化以及源语文化之间的差异有准确把握，敏感地搜索源语中所蕴含的文化信息，然后在翻译过程中对这两种不同的文化进行相应的转化处理，准确而忠实地将原文之中的信息传达给新的读者。

2. 大学英语笔译的表达阶段

表达作为理解的体现和升华，是翻译过程中的关键环节，理解得好但是没有很好地表达出来，也不会产生优秀的译文。在表达这一环节中，译者必须注意以下四个问题：

（1）措辞准确。一词多义的情况在英语中十分常见，在翻译时，若译者一味地对这些词实行对号入座，必然会出现错译或误译的情况，所以必须与上下文的意思相结合，不仅要理解这些词语的字面意思，而且要深入理解这些词的内在含义，这样才能让表达和措辞更加准确，更加恰当。

（2）表达流畅。译文的表达除了准确之外，还要注意自然流畅。不论哪一种语言，经过人们长期应用，都会形成一定的表达习惯。译文不能与这些表达习惯相违背，否则会显得晦涩、生硬，令读者难以理解。

（3）衔接连贯。在语篇基本特征中，连贯和衔接是其中很重要的方面。衔接是否得当，关系到译文能否流畅表达。因为在思维模式上，英语和汉语的差异非常明显，所以两种不同语言在语篇衔接方式上也存在非常大的不同。在翻译过程中，译者应注意让译文保持应有的连贯和衔接。

（4）避免翻译腔。翻译腔指翻译的水平较差，译文表现不自然、不连贯，显得晦涩而生硬，让读者难以理解，也被称为"翻译症"。在翻译过程中，一定要避免出现这种不尽如人意的"翻译腔"。译者在翻译开始之前，必须先读懂原文含义，再开始翻译，而且在翻译时不能受原文表达方式限制。与此同时，译者要明确掌握英语和汉语在表达方式、语言使用习惯方面的差异，熟练地采用技巧翻译原文，要让译文与目的语的表达习惯相符，而且要忠实于原文的表达意图和写作目的。

3. 大学英语笔译的校改阶段

翻译的结尾阶段是校改阶段。不论译者水平高低，译文都有可能出现疏漏，因此校改环节必不可少。校改的过程实际上是核实原文内容的过程，这个阶段要做的是对译文中的语言进行修订和完善。所以，对于译文而言，校改并非针对查找到的错误进行简单修正。在这个阶段有两个重要任务：①对译文的精确度进行检查；②对译文是否符合自然简练的要求进行检查。以下是校改阶段需要特别注意的事项：

（1）审校人名、地名、数字和方位等是否有错。

（2）针对一些大的翻译单位，检查其是否存在误译或错漏之处，译文是否欠妥。

（3）审校译文中专业术语的使用是否正确。

（4）检查文中的成语以及固定化的表达结构是否正确，修辞方法是否符合使用习惯。

（5）对文中使用错误的标点符号进行校正，使其更加符合目的语的语言规范。

（6）检查译文中是否存在冷生僻词汇，是否存在陈词滥调，以期让译文的表达更加简练和自然。

通常而言，审校不是一遍能够完成的，往往需要校改两至三遍。第一遍着重审校译文内容；第二遍重点润色文字，使译文表达更加流畅、自然，具有文采；第三遍着眼于译文整体，看译文在风格上是否保持一致，在行文方面是否清晰流畅。若时间充裕，还应当将译文与原文进行对照，进行一遍通读，这是对译文的最后一次校核，要将存在的所有问题全部解决后，译文才能定稿。

（二）大学英语翻译人才的笔译能力培养

1. 提升自身笔译的综合素质

（1）加强双语理解与表达能力。理解和表达是翻译过程中的两个重要步骤，从某种程度上来看，翻译的过程也是对译者掌控和驾驭不同语言能力的一种考查。所以，作为译者，必须在两种语言上具备牢固的基础。

第一，理解能力。因为英语和汉语在诸多方面都存在很大差异，译者在进行翻译时有可能受到多种因素干扰，例如，词汇量的限制、语法结构上的差异、语境不同所带来的语义差异等。

第二，表达能力。翻译工作并非译者借助自己的语言以及思想再造原文的过程，而是将原文作者的思维及观点转入译文中的过程。所以，译者需要具备较强的表达能力，熟悉两种不同语言在使用方法上的差异性，包括句法使用的差异、修辞习惯的差异、语音读法的差异、使用习惯的差异等，这样才能保证译文在表达上的准确和顺畅。

（2）储备各种专业知识。翻译并不仅仅是对文字和语言的转换，还会涉及其他专业和领域，如法律、旅游、文字、商务、新闻等。这些领域都有着各自规则和专业知识，如果译者对这些专业知识完全陌生或是知之甚少，在翻译过程中会很难保证译文的准确性。所以，作为译者，必须要对各领域的知识进行广泛涉猎，提升自己的综合素质。

（3）熟练运用翻译技巧。只有熟练掌握各种翻译策略以及技巧，才能保证翻译工作顺利和准确。所以，译者需要做到：第一，系统地学习翻译理论知识。译者需要掌握相关翻译理论及知识，对翻译策略和技巧进行解析和积累，这是做好翻译工作的基础和前提条件。第二，加强理论联系实际的能力。翻译工作考验的是译者理论联系实际的真实能力，所以译者必须用正确的翻译理论指导实践，多借鉴、多观摩、多实践名家范文，通过翻译工作的实践学习与翻译工作相关理论，在实践中积累和总结经验，促进翻译理论的发展和完善。

（4）灵活运用各种工具书。在翻译工作中，会涉及很多学科知识，要求译者具有很高的综合素质，但每个人对知识的储备并不可能是无限的，也不可能掌握所有在翻译工作中涉及的知识，在这种情况下，译者需要借助工具书进行翻译工作。在翻译工作中，所用的工具书通常为词典、翻译类词典、文学词典、专业术语词典、百科全书等，译者应当根据翻译情况灵活加以运用。

此外，随着科技进步与网络、通信的发展，许多字典与书籍上没有收录的新名词不断涌现，"英语翻译是英语综合能力运用的具体表现"[①]。在这种情况下，译者必须及时更新自己的知识储备，掌握通过先进科技设备（如电子词典、网络等）寻找答案的方法。

2. 掌握笔译的各种技巧应用

译者如果要正确、顺畅对原文进行翻译，先要掌握翻译技巧。以下是翻译工作中经常用到的技巧：

第一，直译。一种直接翻译的方法，前提是一定要保证译文的语言符合规范，不会引起读者误解，能够直译的内容要尽量使用直译。

第二，意译。不同国家、不同民族所使用的语言都有各自特点，与其他民族语言有不一样的句法结构，不同的表达方式，如果使用直译的方法，有时很难将原文中的含义表达准确。在这种情况下，需要用到意译法。意译指按照原文所使用的词语基本含义，用于对目的语中相同意义的词语进行相应翻译。意译法主张"神似"，译文不必受原文形式的限

---

① 刘秀娟. 大学英语翻译教学中理论与技巧的渗透 [J]. 大学教育，2015（10）：95.

制，只要能够将原文中的含义准确地表达出来即可。

第三，反译。以不改变原文中内容为基本前提，将原文中原有的肯定形式内容翻译成译文中的否定形式，反之亦然。其目的是符合译文中语言的表达方式与目的语读者的思维习惯。反译法的主要形式有两种：一种是正话反说，将原文中肯定形式的内容翻译成译文中的否定形式；另一种是反话正说，将原文中否定形式的内容翻译成译文中的肯定形式。

第四，释义。恰当地对词语作出阐述，也是一种翻译技巧，在使用时有两点需要注意：①释义要做到准确、恰当；②译文的行文要做到简洁流畅。

第五，增译。根据译文修辞需要，意义表达需要以及句法句式需要，在忠实原文基础上，将所需词语、句子增添至译文中，让译文更加符合读者的阅读及表达习惯。

第六，省译。有一些单词或词组，在原文中需要表示出来，但译文中并不需要，对于这些词语，译文中可以直接将其省略，不进行翻译。

3. 注重笔译语言中与文化相关的因素

语言是文化的重要组成部分，也是文化载体。语言不仅反映一个民族的历史和文化特征，还体现该民族人民的生活方式、思维方式等。由于一个民族的文化是该民族人民共有的，因此，基于这种共有的文化背景，作者在创作时，往往会不自觉地或故意省略这些文化信息。一方面，可以保留原文的含蓄美，给读者带来美的享受；另一方面，读者得到了充分的想象空间，根据原有的知识构建语义。但是，对于译者而言，如果不了解原文文化背景，很难弥补缺失的文化信息。总而言之，翻译从某种程度上来看，是一种跨文化的交际活动，译者作为"文化的媒人"，不能仅停留在对原文理解层面，而是要及时与原作者以及译入语读者沟通联系，即在积极了解中西方文化差异基础上，采取适当的翻译策略，使译文读者能充分理解原文中的文化含义，避免产生误解。

二、大学英语翻译人才口译能力的培养

（一）大学英语翻译人才的口译过程

大学英语翻译人才的口译过程，主要包括以下四个方面：

1. 口译的听解

听解简单来说是听和理解，即译者积极地听，对源语进行思维加工，解析源语意义，综合源语的信息要点。译者主要通过两种途径接收信息：一种为听入；另一种为视入。听入是口译中最常见、最基本的信息输入形式，而视入是视译时的信息输入形式。

听是感官系统接收信息的过程，指口译者将接收的语言信息转化为用于社交并且通用的信息过程。听属于被动性的活动，但并不能说明口译工作者必须被动地接收信息，不

再进行研究与总结等思维过程。事实上，口译过程中的听属于主动性的过程，口译工作者应该集中注意力听发言者的话语，尤其是话语的内部成分，如音、词、句等，还有外部成分，如语境和情境等，并根据发言者所应用的语言技巧发掘句子之间的联系，再结合语言环境掌握整篇含义。口译理解的目标是理解源语的意义，从而将其意义用目的语表达出来，将发言人的意思传递给听众，使交际双方的交流活动能够继续进行。

2. 口译的转化

转化指译者在完整、准确、有重点地接收说话人信息后，对这些信息进行记忆、分类、标记、加工、编辑等处理活动的过程。具体而言，转化指对记忆信息的解码和编码处理，即对源语信息的识别、解析和重构。其中，解码指译者对接收到的源语信息进行解码，获取语言和非语言形式所包含的各种信息，要求译者具备深厚的语言功底，能够在瞬间透过语言浅层结构洞察其深层结构。编码指将源语的信息解码后，赋予目标语的表达形式，要求口译人员熟悉源语和目的语，能够在目的语中找到意义与源语相同或相近的表达形式。

可以说，口译的转化过程一直持续到口译表达过程结束，贯穿整个口译过程。转化也是下一个口译环节——表达的前提，因为译者接收的信息如果不经过有效转化，则无法向听众传达说话人的信息，也就不能实现语言交际的目的。总而言之，转化是口译的重要过程，而转化是否正确也是口译质量的关键所在。

3. 口译的记忆

记忆指译者将听解获得的语码信息暂时储存、记录下来。口译过程主要依靠短期记忆，译者的记忆训练应重点练习和提高短期记忆能力。短期记忆指大脑存储信息的时间要维持在 1 分钟之内，其最显著的特点是：存储时间短，一般而言，为 5 ～30 秒，最长不可以超过 1 分钟。短期记忆还可以称为"脑记"，主要记忆非常简短的内容，越简单的内容越容易记忆。然而，短时记忆对于口译工作者而言，只是其工作能力的一部分，所以还应该选择记笔记的方式帮助记忆细节与长段内容。在口译过程中，口译工作者可以选择网状式的记忆方法，记忆关键内容，忽略细节内容，这种记忆方式具有辅助作用。

4. 口译的表达

口译的表达指译者把经过处理的内容用目的语言进行展示的过程。表达是工作中最重要的环节，也是考核口译能力的标准之一。发音标准、吐字清晰、顺畅流利的表达，有利于听众对讲话人重要思想的深度理解。译者在表达过程中，要注意自身语音、音量与手势的变化与控制。

具体而言，译者要保证自己的发音标准而清晰，能够把每个单词的音节、重读等正确、清楚地表达出来，并能够熟练地处理连读、爆破、升降调等语音现象。译者在翻译过程中应采用中音，因为中音与大多数人说话的音量一致，听众易于接受。此外，译者不宜使用手势。在口译过程中，过多地使用手势不仅会破坏译者的职业形象，还有可能干扰交流双方的正常交流，造成信息的不完整传递。

（二）大学英语翻译人才的口译能力培养

1. 提升自身口译的综合素质

译者在口译过程中，一定要注意以下素质的培养。

（1）较强的理解和推理能力。尽管译者会在提供口译服务之前进行一定准备，但实际谈话内容往往会临时发生变化，要求译者必须具备较强的理解与推理能力，以便随机应变。良好的理解能力还要求译者具备很强的语言适应能力，即能听懂带有口音或令人费解的讲话，这要求译者必须有扎实的语言功底和丰富的实战经验，并在工作中不断培养自身的逻辑思维能力。

（2）快速反应能力。口译不像其他笔译任务，给译者一定时间准备，而是需要译者临场发挥，这要求译者必须具备快速反应能力。以会议口译为例，国际会议规定，即席口译每小时需要达到5000字左右，同声传译每小时要达到9000字左右，这样的速度分别是笔译的17倍和30倍。由此可见，译者在口译过程中头脑必须始终保持冷静，反应要十分快速、敏捷，否则难以胜任。

尽管翻译工作者的能力处于同一个阶段，然而，他们的反应能力却有着很大区别。在口译工作中，应用的技巧不同，其展现的效果也会产生差异。反应能力超强的口译工作者，即使遇到无法顺利交流的谈判，也能够有效地掌控整个口译过程并促进双方实现沟通，准确地传达双方的观点等；而反应能力较慢的口译工作者对自己不熟悉的问题很难解决，容易刻板地传达双方交流的信息，导致谈判双方处于僵持状态。虽然这是发言者的主要责任，但是，如果口译工作者能灵活有效地发挥自身作用，营造轻松愉快的氛围，也能够促进谈判有效进行。

（3）出众的记忆能力。口译的即时性，要求作为一名口译工作者要具备超强的记忆能力。

第一，口译工作者应该将发言者要表达的内容准确、详细地通过语言进行展示，应该具备良好的记忆能力。在口译过程中，允许他们使用笔记录，然而，由于时间有限，其记录的内容必须是关键的，所以口译笔记发挥的功能是次要的，能否将整段语句完整地进行阐述，取决于记忆的能力。除此之外，因为人们的瞬间记忆具有约束性，而且内容非常多，所以，口译工作者应该快速忘记之前的信息，为大脑记忆新的内容提供充裕的空间。

第二，在口译工作中，口译工作者没有时间查阅与之相关的资料，只能通过记忆力掌控整个过程中出现的状况，所以，口译工作者需要储备大量知识，如词汇、缩略词、成语等。

（4）强烈的责任感。口译是一份值得人们尊敬的工作，特别是责任感对于口译工作者而言，至关重要。通常通过以下两个层面体现其责任感：

第一，"忠实"。"忠实"指口译工作者应该将语言信息准确无误地进行传递，口译必须达到"实"与"准"，不要违背以及偏离发言者的原意。例如，准确还原发言者的观点，绝不可以随便增减、篡改发言者的话语。

第二，"尽职"。"尽职"指口译工作者应该形成优秀的职业观念，不能违反相关规定与原则。除此之外，口译工作者还应该作为发言者的助理，起到辅助作用，帮助发言者改掉不正确的词汇使用习惯，保证双方顺利地进行交流。总而言之，口译属于国际型对外交流工作，在国际型会议上的每一次交流，口译工作者的工作能力与态度都代表着国家的形象与声誉。所以，口译工作者不仅应该对自己的工作负责，还应该对自己的国家负责，全力以赴地完成口译任务，尽可能避免出现差错和闪失。

（5）较强的心理素质。口译工作都是临场发挥，经常是在公共场合进行，译者必须面对众多听众，加之口译译者责任重大，要求译者必须具备良好的心理素质。对译者而言，必须具有自我调节的能力，能够承受压力，克服紧张情绪，保持镇定，防止因情绪紧张而影响口译质量。

2. 注重口译语言中与文化相关的因素

语言是文化传播的媒介，也是不可或缺的组成部分。翻译者在语言转化过程中，面对的是两种不同文化，换言之，文化是个体之间或者国家之间进行交流的载体。所以，口译和文化具有显著的相关性，翻译工作者在口译过程中，需要重视并结合文化因素。

译者在口译中重视文化因素，需要提高自身跨文化意识。所谓跨文化意识，主要指对文化差异的意识。口译工作者的跨文化意识指在与不同国家的人员进行交流的过程中，有意识或者无意识地产生一种调节方法以及认知标准，包括口译工作者具备的思维能力和辨析能力，以及对文化因素的感知能力。具体而言，译者需要在以下方面努力。

（1）注重文化差异。口译工作者应该着重考虑文化方面的区别。在了解和掌握其他国家文化时，口译工作者要考虑并结合文化之间的区别，既重点关注源语文化和译语文化之间的区别，也应该掌握全球各地不同文化之间的区别，进而培养文化交际思维。

（2）开阔文化视野。口译人员在工作中，与之交流的人除了以英语作为母语的人之外，如美国、英国、加拿大等，还有其他不同地方的人，这些人说着不同语言，具有不同的文化背景。所以，口译工作者不仅应该掌握应用英语语言的国家文化，还应该了解其他国家文化，尤其是地方文化与历史文化。需要特殊注意的是，口译工作者要平等地对待来自不同民族与阶层的外宾。

（3）注重文化的适应性。口译工作者属于一份国际型职业，因而应该全面掌握和了解不同国家之间的文化区别，并且培养自身适应文化差异的能力。口译工作者应该善于交际，具备良好的移情能力，敢于迎接挑战并适应不稳定的环境，能够接受并克服在异国环境中，与人交流过程中所带来的影响力，以及在本国环境中与人沟通时所产生的紧张感，只有具备强大的适应能力和交际能力，才能够提高、增强自身文化意识，使其在跨文化交际中灵活自如。除此之外，口译应该具有准确性、得体性以及文化性的特点。

3. 熟练掌握各种口译技巧的注意事项

（1）听解技巧。听解是口译过程中的重要步骤，译者必须掌握良好的听解技巧。具体而言，需要注意以下方面：

第一，整体理解。听力理解有两个层次：第一层次是听语言；第二层次是听意义。这两个层次是口译实践中必须要解决的问题，是实现听力理解不可逾越的环节。听语言和听意义的根本区别在于听力对象不同。第一层次的对象是语音、语调、用词等语言特征，是大多数外语学习者可以达到的一种程度，但对于专业的译者来说是远远不够的，译者应把听力对象锁定在语言所体现的意义上。

在口译过程中，译者应始终具有良好的全局观，在听取信息时，思路不能受限于个别单词或是句子，应该全神贯注地聚焦在信息含义上，进而全面以及正确地掌握整篇含义。听力理解的主要任务是理解每段句子的含义，还应该明确并辨析字、词、句之间的语义技巧与语法联系，保证语言的流畅性。随着长时间以及高强度的训练，如果能够无意识地忽略语言形式，并且能够熟练准确地概括所听到的信息中心思想，便是达到了听力理解的最高境界。

第二，全神贯注地听。口译中的"听"不是普通意义上的"听"，而是口译中一切信息的来源渠道，并且只有一次听的机会，因此，译者必须聚精会神地听。此外，译者的"听"，不是一般意义上的聆听，而是一种主动形式的"听"。译者必须排除一切干扰，投入全部注意力，用耳朵接收讲话人语言信息的活动。作为一种信息输入方式，听的过程是一次性的，没有第二次补救机会，译者必须聚精会神，任何分散注意力的行为都可能导致口译过程的失误。

第三，克服口音障碍。由于地理环境、文化背景、受教育程度、个人修养等方面的差别，每个人的语音、语调、词汇、语言习惯各有差异，给学习标准国际音标和规范英语表达的译者，特别是从未走出过国门的译者，提出了一个不小的挑战。一名优秀的译者必须能够听懂和理解来自不同国家、地区说话人的口音。因此，译者一定要注意不断总结经验，摸索出不同口音的规律，掌握其重要特点，利用口音的"原形"推测其在具体语境中的意思。此外，译者还要多与同行交流经验，多与讲不同方言的人交谈，多听不同国家和地区的英语广播，从而更快地熟悉各种口音和方言。

（2）记忆技巧。

第一，复述练习。复述是口译记忆技巧的基本练习方法，是指以朗读或播放音频的形式，让学生听一段若干文字的文章，然后让学生把听到的内容复述出来。复述练习包括源语复述练习和目的语复述练习。

第二，影子训练。影子训练法是所谓的"跟读训练"。简单而言，影子训练法指一边听录音一边用源语或译语进行跟读的练习方法。这种方法并不是单纯的记忆训练，因为学生在听的过程中要克服各种外部干扰因素，实际上是一种抗干扰能力训练。

第三，逻辑整理练习。逻辑整理练习指教师给学生一些缺乏语篇连贯性或语言次序颠倒的材料，要求学生听过后按正常语篇要求，梳理成一段主题明确、语义连贯的发言。这种练习可以提升学生对零散信息的记忆能力和逻辑拼接能力。

第四，强记练习。强记练习强调的是对记忆训练的坚持和努力。人的记忆力可以通过训练得到改善。首先，学生应积极主动地阅读有关记忆方法的书籍，参考借鉴一些行之有效的方法，如形象记忆、连锁记忆、逻辑记忆、理解记忆、分类记忆等；其次，学生必须结合自身特点坚持练习，因为再好的方法也必须经过练习才能转变为实实在在的能力。只有不断练习，不断反思，不断总结，记忆能力才会有明显提高。

（3）笔记技巧。在口译中，尤其是在正式谈判和会议等场合的连续口译中，笔记起到十分重要的作用。笔记技巧是口译尤其是连续口译中最基本的技巧，如果能够运用自如，甚至可以在一定程度上弥补其他技巧的不足。

第一，少写多画。在笔译中，先要提的是画线，画线比写字快，并且线条较为形象，有助于口译者一看笔记就能口译。除了画线，还可以巧用符号，符号书写快而且灵活形象。一些固定的线条和符号已经被口译界广泛接受，所以口译者可以大胆借用它们形象地表达意思。

第二，缩略书写，少字多意。在汉语中，有大量的常用词汇是用两个字或是多个字表达的，因此要逐渐形成用一个字代表一个词的习惯。例如，用"中"代表"中国"，用"北"代表"北京"。英语单词同样可以简写，用 poli 代表 politics，用 gov 代表 government。另外，培养口译者看到一个字能说出几个字的能力，如听到"改革开放"时，只记一个"改"字就可依靠短时记忆想起源语。

第三，少横多竖。从上向下的阶梯结构，能够体现出上下文的整体逻辑结构，从而简化口译者的思维过程，使其方便快速地输出译文。

第四，减笔连笔，快速书写。笔记只要自己看得懂便可，所以口译者在做笔记时尽可能在自己明白的前提下减少笔顺、理顺笔画，以便做到一笔成字。汉字是一种形象的表意文字，减笔、连笔后，并不影响识别，英文的连写更是普遍现象。从笔画的省力程度来看，口译笔记宜多用英文书写。

第五，明确结束。当说话人说一段，停下来让口译者译一段，然后再继续说时，上一段话和下一段话之间必须有明确界限。在这时，上一次结束点便成下一次口译的开始点。如果笔记是从一页纸的中间开始记录，而且这段笔记可能需要两三页纸时，最好具体标明这次翻译内容的起始，以免混淆。

第三节　大学英语翻译教学思考与价值

一、大学英语翻译教学的思考

（一）完善大学英语课程设置体系

如果大学英语翻译教学缺乏整体的规划和设计，就会使教师在教学实际中难以操作。因此，大学英语翻译教学，应该先完善大学英语的相关课程体系。另外，英语课程体系应该跟上时代发展的步伐，在课程设置上需更加注重市场需求和学生实际应用能力的培养。大学英语课程设置不应简单地分为听说课和读写课，还要有翻译课。例如，在大学的第二学年，可以为学生举办翻译讲座或开设翻译选修课，讲解一些基本的翻译理论和技巧，鼓励对翻译感兴趣的学生进行自主训练和深入学习。

（二）优化大学英语翻译教材编写

为了有效地提高教师的翻译教学水平和学生的翻译能力，编写适用于非英语专业的翻译教材迫在眉睫。这种教材应当有别于英语专业学生使用的翻译教材。因此，在组织大学英语翻译教材的编写过程中，应充分考虑"难易程度是否与师生水平相适应"以及"教材自身的系统性"，编写出集知识、理论和技能训练于一体的有针对性、科学性的系列教材。

另外，应当将英汉对比和应用翻译列为本教材的主体，适当增加篇章翻译、各类文体翻译、文化与翻译、修辞与翻译、不同题材、不同风格的译文赏析等内容。翻译课离不开理论与实践，作为非英语专业的翻译教材，翻译理论应当简明扼要，翻译的基本知识、原则及翻译技巧都可以简洁明晰，重点在于培养和提高学生的实际翻译能力，所以各章节后需附相关的翻译练习，通过大量的课堂讨论与实践使学生掌握各种翻译技巧，培养学生的实际应用能力，以便对今后的学习和工作有所帮助。

（三）重视培养学生的综合语言能力

语言能力指的是语言理解能力和表达能力。翻译的过程既是理解原文的过程，又是创造性地用另一种语言再现原文的过程，而理解原文是表达的前提。鉴于此，着重培养学生的语言能力是大学英语翻译教学的主要目标。通过翻译教学提高学生语言能力的具体途径有以下三个方面：

第一，通过互联网自主学习，提高自身的语言感受能力。让他们通过互联网或其他途径来构建自己的语料库，感受名作、范文的遣词造句、布局谋篇，并定期、不定期地与同学交流，分享阅读后的感受和收获。

第二，课堂上开展适量的翻译欣赏课，或让学生翻译一些名家名作，然后把他们的译文与名家的译作比较，并总结心得体会。

第三，以小组为单位进行合作型翻译活动。教师可以将学生分成小组进行翻译。在一个宽松的学习氛围中，学生可以充分发表自己的意见而不受约束，同学间对译文互评互改。通过译文比较和讲评领悟翻译的基本原则和技巧，这不仅能启迪学生的思维，加深他们对翻译的理解和思考，同时也培养了其译文欣赏与翻译批评的能力。

二、大学英语翻译教学的价值

（一）大学英语翻译利于写作能力的提高

大学英语翻译有助于英语写作能力的提高，特别是"中译英"，对于学生而言，能够对写作能力大有裨益。另外，在讲完翻译内容之后，给学生布置一篇与课题有关的作文，学生可以采取的做法包括：首先，将作文用中文把内容的提纲列出；其次，教师鼓励学生将每一部分翻译成英语，对框架结构进行内容上的补充，使文章更加充实。总而言之，学生在英语方面的不足主要受母语的影响，学习英语并不是不要去想母语，而是想办法将母语与英语相结合，更好地服务于英语。

（二）大学英语翻译利于阅读能力的提升

大学生英语中的翻译过程，可以分解为准确的理解、恰当的表达、校对三部分，其中的理解是表达的基础。在大学英语教学过程中，针对校对这一环节，是在对原文翻译的准确基础上，通过口语的表达衡量学生对课文的理解程度。例如，在英语中，一般是名词作主语，在主、从复合句中的主语相同的情况下，从句的主语需要用代词代替的。根据这一习惯，就可以看出来句中所指为一件事物。因此，翻译需要结合语境，在译成汉语的基础上，根据西方英语的用词习惯和语境做调整。由此可见，良好的阅读理解能力是英语翻译的基础，英语翻译又能促进学生良好的阅读习惯的养成，对关键的词句的推敲，可以帮助学生阅读水平和效率的提高。

第四节　大学英语翻译教学的阶段审视

一、大学英语翻译教学的理解阶段

正确理解是准确翻译的关键环节，也是表达的前提，它是指在阅读原文的同时，译者需要对原文表达的内容进行深入思考，这是一个认识、掌握原文内容、表达情感以及行文风格的过程。理解，也可以被视为源语解码的过程，为了使解码更加准确，译者需要了解源语的文化背景以及它的表达习惯，在此基础上对原文进行阐释，才能全面获取原文信息，译者对原文的理解才能够更加透彻。理解不仅包含对原文信息的获取，还包括了解特定词汇在不同上下文中表达的不同含义，译者对于句法结构以及惯用的表达方式也要有深入了解。

（一）理解原文的词汇含义

在汉英翻译的过程，需要以词汇理解作为开端，逐步扩展到对短语、句子、段落以及整个篇幅的理解。

第一，合格的译者应该从了解原文词汇开始，准确把握词汇含义是翻译的基础。由于汉语和英语在词汇含义上的差异，有时英语中的一个单词，能够表达汉语中两个词语的含义；有时同一个汉语词语，由于其含义的不同，根据不同情况需要被翻译成不同的英语单词。因此，在翻译过程中，应该结合词汇的具体含义进行翻译，切忌望文生义。

第二，在理解表层含义的基础上，译者要充分结合上下文语境，了解词语的深层含义。对于原文的理解，不应仅局限于字面意义，还要深入挖掘字里行间隐藏的含义，同时需要以合适的方式进行表达。在翻译过程中，译者应该充分把握语篇的语境。语境对于语篇含义理解的作用体现在五个方面：①使含义单一化；②有助于含义具体化；③给词语赋予修辞意义；④使词语、短语或是句子具有临时含义；⑤给词语赋予社会文化含义。

（二）理解原文的语法结构

在进行汉英互译时，译者不仅要了解两种语言语篇的含义，还应该掌握英语和汉语语法的差异，以提高译文的质量以及译者的翻译水平。

第一，掌握汉英两种语言的句法结构，明晰二者在结构方面的区别。英语句子的构成一般采用"形合法"，其主要特点在于三个方面：①结构紧凑严密；②重视结构的稳定；③句子形式多样，但都是由主语以及谓语搭配作为句子的主要架构。相对于英语的句子结构而言，汉语的结构更为复杂，其句子构成采用"意合法"，即以表达含义为主要目的，结构简洁清晰。在翻译过程中，译者对于这两种句子的处理方式也有所不同，在汉译英时，译者在确定汉语句子含义之后，才能对句法结构进行解析。反之，对英语句子的处理遵循相反顺序，在对句法结构进行解析的基础上，才能理解句子的含义。

第二，在汉英翻译时，不仅要注重两种语言句法的差异，还应注意翻译过程中的句法转换。一般而言，两种语言在主谓语的搭配方面并没有较大差异，但需要注意的是，汉语中流水句居多，而英语句子遵循严格的主谓搭配，一个句子中只有一个主谓，其他成分则通过非谓语动词的方式呈现。因此，在汉译英的过程中，译者需要对句子的成分进行重组，需要考虑译文的主语，在英语中如何与谓语搭配。结合上文对两种语言句子结构的解析，在进行两种句子的互译时，译者应该充分运用句子结构的特点，在英译汉时，应该采用形合变为意合的方式；而在汉译英时，应该采用意合变为形合的方式。

第三，词的形态也是译者在翻译过程中关注的重点。这主要源于汉语与英语中词汇存在形态方面的差异。英语词语有形态上的变化，而汉语没有，它们的词类区分以及不同词类的使用频率也存在较大差异，如英语中使用介词和名词较多，汉语则使用动词较多。因此，在进行汉英互译时，不能严格按照原文的词性进行翻译，要结合目的语的特点，灵活变换词类，以使翻译出来的句子更加符合目的语的语言特点。

（三）理解原文的逻辑关系

解析原文的逻辑关系以及情感意义对于理解原文具有重要作用。由于每个人的思维方式有所差异，不同语言的逻辑也会不同，因此，译者必须秉承严谨的态度，结合具体语境，对原文的逻辑关系进行深入把握，深入理解原文的语言风格，在充分尊重原文的逻辑和内容的基础上进行翻译。另外，译者也需要理解原文的情感意义，即原文作者的情感以及态度的联想含义。译者应该注重对译文细节的把握，力求在译文中能够保持原文的情感和态度。因此，只有译者充分理解了原文的语义，才能通过合适的选词以及句子结构将原文情感恰如其分地表达出来。

另外，译者还应该注意汉语英语中修辞的差异，以避免因修辞使语段产生逻辑矛盾。语段是介于语篇和句子的语义单位，有时它是一个句群，有时它只是一个句子；有时要根据实际情况的需要，汉语原文要采用多种修辞方法以使表达更加生动形象。按照汉语的表达习惯，这些修辞的使用的确合乎逻辑，但在翻译成英语的过程中，译者要考量这些修辞手段是否在英文中也同样适用，是否会产生逻辑混乱。

二、大学英语翻译教学的表达阶段

理解与表达是两个不同的阶段，在大学英语翻译过程中发挥着不同的作用，但二者是相互联系、密不可分的。理解讲求准确，表达讲求充分，表达需要以理解为基础，只有通过表达，才能使译者对原文的理解更加深入，因此，二者是相辅相成、相互促进的。

表达的充分体现在译者能够将原文的内容、表达的情感以及作品风格淋漓尽致地展现出来，这考验着译者对于目的语的掌控能力。译者在表达过程中，应掌握好表达的"度"，既要避免过分表达，也要避免缺乏充分表达。过分表达，即在翻译过程中，不顾原文本意，按照译者的理解，任意地添枝加叶；缺乏充分表达，即不尊重原文本意，任意删减。表达的效果主要由两个方面决定：一方面是译者对原文含义的理解程度；另一方面是语言的修养程度。由于不同语言在表达方式、语法、句式等多方面存在差异，因此，在翻译时必须结合语言特点，采用不同方法，灵活处理。

三、大学英语翻译教学的校核阶段

第一，校核工作具体分为两部分：①核实原文内容；②再次对译文进行推敲。校核是翻译的最后一个程序，也是对前两个阶段的深化，是非常重要的一个环节。校核不是粗略看一遍原文，改正明显错误，而是对译文再一次加工的过程。好的译文就像精美的艺术品，需要精雕细琢才能完成。校核前的译文，需要修饰和完善，它也可能存在严重的错误。因此，译者需要充分认识到校核工作的重要性，认真对待该环节。

第二，校核是对译文的检查，主要需要完成两项工作：①查漏补缺，即在翻译过程中是否有遗漏之处；②检查译文是否有错误，如数据、时间等关键信息的翻译是否正确，同时还要检查是否存在由于疏忽产生的"低级"错误。

第三，校核阶段应该注重以下五类内容：①关键性信息是否正确翻译，如地理位置、日期时间、人名、地名以及数字等；②疑问的内容、重要词语是否翻译正确；③发现并纠正错译的内容，对于翻译不妥的内容，应该进一步修饰；④争取让译文中不存在晦涩难懂的词汇，译文的段落标记以及标点的使用应该准确无误；⑤一般情况下，应该校核两遍，第一遍重点校核内容，第二遍校核偏重文字润色。如果时间充裕，应该再对照原文，将译文通读一遍，进行最后的检查和修改，将所有问题都解决后，译文才能够定稿。

综上所述，理解、表达和校核是翻译的三个关键阶段，三者缺一不可，并且彼此紧密联系。理解是表达的前提，理解的准确与否对表达效果的优劣有直接影响，因此，译者只有对文化背景有一定了解，才能更好地理解原文。表达是决定翻译质量的关键因素，它不仅要保留原文的原貌，包括含义、风格等，还要与译语的表达习惯相契合，对译者的能力提出了较高要求。校核环节在翻译的过程中发挥着把关的作用，即使译者的能力再强，对原文的理解再透彻，表达得再恰到好处，也不可避免会出现疏漏，任何一部好的翻译作品都要经过译者多次的校对和润色。因此，理解、表达以及校核一定是各司其职的，在翻译过程中均发挥着重要的作用。

第二章　大学英语翻译的运用方法辨析

第一节　英语的直译法与意译法翻译

一、英语的直译法翻译

"在大学英语教学中，翻译也是重点内容"[①]。直译，是以句子为单位，尽量保持原文的语言结构、形式，以及隐喻等的一种翻译方法，其有助于表现原文的形象、思维、语言趣味。

（一）英语直译法翻译的特点

第一，忠于原文内容。

第二，忠于原文形式，要求在保持原文内容的前提下，力求使译文与原文在选词用字、句法结构、形象比喻及风格特征等方面尽可能趋同（无限接近）。

第三，通顺的译文形式。

（二）英语直译法翻译的运用

1. 习语的直译运用

例 1：Crocodile tears.

直译：鳄鱼的眼泪。

例 2：Fish in troubled waters.

直译：浑水摸鱼。

例 3：Chain reaction.

直译：连锁反应。

例 4：Special economic zone.

直译：经济特区。

---

① 陈少琼. 英语翻译中直译和意译的比较与融合研究 [J]. 内江科技，2022，43（1）：147.

例 5：Green food.

直译：绿色食品。

2. 句子的直译运用

例 1：I would draw a further conclusion，which I believe is central to assessing China's future place in the world economy.

直译：我想进一步得出结论，我认为这个结论对于评估中国今后在世界经济中的地位是至关重要的。

例 2：Pie is said to be a rough diamond.

直译：人们说他是浑金璞玉。

总而言之，直译不仅能保持原作的特点，而且还可使读者逐步接受原作的文学风格，促进语言的多样性，丰富目的语的语言形式，以利于跨文化沟通与交流。

二、英语的意译法翻译

"翻译是英语应用的一个主要方向"[①]。意译就是只保持原文内容、不保持原文形式的翻译方法。意译把忠于原文内容放在第一位，把通顺的译文形式放在第二位，要求在保持原文内容的前提下，力求使译文在选词用字、句法结构、形象比喻及风格特征等方面，尽可能符合译语读者的阅读习惯和审美心理。意译把忠于原文形式放在第三位。另外，意译的功能围绕着"效果"，译者可以对原文的词句顺序、逻辑关系、修辞手段等进行调整和变通，使译文地道、流畅，符合译入语读者的阅读习惯，更好地传达原文的艺术效果。

总而言之，从跨文化语言交际和文化交流的角度来看，意译强调的是译语文化体系和原语文化体系的相对独立性。意译更能够体现出本族的语言特征，例如，习语、诗词、成语等的翻译，常常通过意译来达到"信、达、雅"的意蕴。

第二节 英语的增译法与减译法翻译

一、英语的增译法翻译

增译是在原文的基础上添加必要的单词、词组、分句或完整句，从而使译文在句法和语言形式上符合目的语的习惯，并使译文在文化背景、词语联想方面与原文保持一致，以达到译文与原文在内容、形式和精神方面对等的目的。增译法并不意味着译者可以随心所欲地添加，而必须遵守一项基本原则——增加那些在句法上、语义上或修辞上必不可少的

---

① 张潇艺. 英语翻译中的意译研究 [J]. 现代交际，2020（5）：76.

词语，即增加原文字面虽未出现，但却为其实际内容所包含的词语。增译法的运用主要包括意义和修辞上的增译，以及句法上的增译。

（一）意义和修辞层面的增译翻译

在英汉互译时，有时有必要增加合适的动词、形容词或副词等，使译文意义明确，流畅自然。意义和修辞层面的增译翻译，具体内容如下。

第一，增加动词。由于意义上的需要及英汉语言上的差异，英语中重复用词的情况较少，而汉语有时为了达到一定的修辞效果，经常使用重叠句或排比句，翻译成汉语时需要在名词前增加动词。

第二，增加形容词。为使译文读起来顺畅自然，清晰达意，有时候也会根据原文的意思，在译文中增加一定的形容词。

第三，增加副词。根据原文的上下文，有些动词在一定的场合可增加适当的副词，以确切表达原意。

第四，增加表示复数的词。汉语名词的复数没有词形变化，很多情况下不必表达出来，但有时需要通过增加"们、各位、诸位"等词，增加数词或者特殊方式的"叠词"来表达原文的复数意义。

第五，增加表达时态的词。由于英汉语言的差异，英语动词随时态的变化而变化，而汉语动词没有词形变化，但有时为了表达需要，英汉翻译时有必要增加一些表示时态的词。

第六，增加语气词。汉语中的语气词很多，在翻译时，需要在准确理解原文意义和修辞色彩的基础上增加适当的语气词。

（二）句法层面的增译翻译

第一，增补原文句子中所省略的动词。

例：Reading makes a full man; conference a ready man; writing an exact man.

译文：读书使人充实；讨论使人机智；写作使人准确。

第二，增补原文比较句中的省略部分。

例：The footmen were as ready to serve her as they were their own mistress.

译文：仆人们愿意服侍她，就像愿意服侍他们的女主人一样。

总而言之，采用增译法则可以使译文自然通畅，完整贴切。增译法往往是译者在推敲译文或校对译文的过程中进行的，由此可见，这类调整与译者的母语语感有很大关系。从本质来看，这是一个译文的可读性问题，其关键在于求得译文与原文在深层结构上对应，而不求双语在词语形式上机械对应。

二、英语的减译法翻译

所谓减译法，即指在翻译过程中为了使译文简明、准确，而省去一些词或短语。英汉翻译中常常会省略一些介词、冠词、名词和连词等，这些词在原文中是必需的，而在译文中却可有可无。减译是翻译中一种比较常见的现象，它符合语言使用的经济原则，即人们在交际中尽量使用比较少的、省力的语言单位，来传达较大量的信息。减译法是基于英汉两种语言的差别。如汉语并没有冠词和不定式的标记，而且代词、连词以及介词在汉语中的运用频率不及英语，所以在进行英汉翻译时，有必要进行减译。总而言之，减译包括修辞方面和语法方面两个部分。

（一）修辞层面的减译翻译

1. 省略重复的短语或单词

例：Part-time waitress applicants who had worked at a job would receive preference over those who had not.

译文：应聘兼职女招待，有工作经验者优先。

2. 省略不必要的短语和单词

例 1：His younger sister is an actress.

译文：他妹妹是个（女）演员。

例 2：Could you help me in any way？

译文：你能帮帮我吗？

（二）语法层面的减译翻译

1. 副词的减译

例 1：我们一定能够达到目标。

原译：Our goal will certainly be attained.

翻译时可以省略 certainly。

例 2：价格要适当调整。

原译：Prices should be appropriately adjusted.

翻译时可以省略 appropriately。

2. 介词的减译

例 1：我们已经从其他国家有计划、有选择地进口了一些成套设备。

原译：We have imported in a planned and selective way from other countries some complete plants.

翻译时可以省略 from other countries。

例 2：要广泛动员中小学生学习科普知识。

原译：Primary school and high school students should be mobilized on an extensive scale to learn popular science knowledge.

翻译时可以省略 on an extensive scale。

3. 名词的减译

例：中国是个文明古国，幅员辽阔，面积达 960 多万平方公里。

原译：China is a country with ancient civilization. It has a vast territory and covers an area of 9.6 million square kilometers.

改译：Covering an area of 9.6 million square kilometers and more, China is a country with ancient civilization.

4. 代词的减译

（1）省略作主语的人称代词。根据汉语习惯，在指代关系明确的情况下，假如前后两句主语相同，就不必重复出现。英语通常每句都有主语，因此作主语的人称代词往往多次出现，这种代词汉译时常常可以省略。

（2）省略物主代词。在英语句子里，物主代词出现的频率很高。如果将每个物主代词都翻译出来，那么汉语译文就显得非常啰唆，所以在翻译的时候物主代词大多省略。

5. 动词的减译

在进行翻译时，原文中有些动词在译文中可以省略。

例 1：中国始终是维护世界和平与地区稳定的坚定力量。

原译：China is always a staunch force to maintain world peace and regional stability.

改译：China is always a staunch force for world peace and regional stability.

例 2：我们要努力搞活国有大中型企业。

原译：We should endeavor to invigorate the large and medium-sized state-owned enterprises.

改译：We should invigorate the large and medium-sized state-owned enterprises.

6. 冠词的减译

英语中存在冠词而汉语并没有冠词，英语的冠词往往并不表达具体的词义，所以英译汉时，英语的冠词常常省略。

例 1：A parrot can talk like a man.

译文：鹦鹉会像人一样说话。

例 2：His dinner hour is an inevitable 6：30 p.m.

译文：他总是下午 6 点半吃晚饭。

7. 连词的减译

（1）省略并列连词。在并列连词中，比较常见的是省略 and、or、but 和 for。

（2）省略主从连词。主从连词的省略包括：省略表示原因的连词，省略表示条件的连词，省略表示时间的连词。

8. 形容词的减译

例 1：我们对过去的历史应有所了解。

原译：We should know a little of our past history.

翻译时可以省略 past。

例 2：外贸有了新的发展。

原译：Foreign trade had made fresh progress.

翻译时可以省略 fresh。

第三节　英语的转译法与分译法翻译

一、英语的转译法翻译

翻译方法中的转译法也称转换法。转译法可以将英语词汇的词性转译成不同的汉语词性，还可以将英语原句转译成不同类型的汉语句子。因此，转译法在英译汉的过程中既可以是词性的转译，又可以是语态或句型的转译。

（一）词性的转译

例：He admires the President's stated decision to fight for the job.

译文：他对总统声明为保住其职位而决心奋斗表示钦佩。

从上述示例可以看出，由于英汉两种语言表达方式的差异，在英译汉的过程中，有些句子可以逐词对译，需要根据具体情况适时改变原文的词性，以符合译入语的表达习惯，使译文通顺自然。这也就是翻译中的词类转换现象。归纳而言，词性转译主要涉及以下四个方面：

1. 动词的转译

汉语动词丰富，句子简洁明了。在汉译英时，汉语的动词常可转译为名词、形容词、介词或介词短语等。

（1）动词译成名词。

例：绝对不许违反这个原则。

译文：No violation of this principle can be tolerated.

（2）动词译成形容词。和感官、情感及其他精神状态相关的动词可译成"be+adj…"的结构。

例1：获悉贵国遭受海啸，我们极为关切。

译文：We are deeply concerned at the news that your country has been struck by a tsunami.

例2：他们怀疑他是否能负担得起。

译文：They are doubtful whether he can afford it.

（3）动词译成介词。和汉语相比，英语里介词更多。有些英语介词由动词转化而成，因此具有动词的某些特点。

例1：这台计算机具有很高的灵敏度。

译文：The computer is of high sensitivity.

例2：我们全体赞成他的建议。

译文：We are all for/in favor of his suggestion.

2. 名词的转译

（1）名词译成动词。英语中具有动作意义的名词和由动词派生出来的名词以及某些表示身份特征或职业的名词（如 teacher、singer 等）在句中并不指身份或职业而含有较强的动作意味，英译汉时可译成动词。

例：An acquaintance of world history is helpful to the study of current affairs.

译文：读一点世界史，对学习时事是有帮助的。

（2）名词译成形容词。

例：The security and warmth of the destroyer's sickbay were wonderful.

译文：驱逐舰的病室很安全也很温暖，好极了。

（3）名词译成副词。

例：It is our great pleasure to note that China has made great progress in economy.

译文：我们很高兴地看到，中国的经济已经有了很大发展。

3. 形容词的转译

（1）形容词译成动词。英语中表示知觉、兴趣等心理状态的形容词，在联系动词后作表语时，往往可译成动词。

例 1：Scientists are confident that all matter is indestructible.

译文：科学家们深信，所有物质都是不灭的。

例 2：Granny Li is very fond of children.

译文：李奶奶很喜欢孩子。

（2）形容词译成名词。

例：He was eloquent and elegant, but soft.

译文：他有口才，有风度，但很软弱。

（3）形容词译成副词。名词译成动词时，修饰名词的形容词可相应地译成副词。

例：He routinely radioed another agent on the ground.

译文：他跟另一个地勤人员进行了例行的无线电联络。

4. 副词的转译

（1）副词译成动词。

例：I must be away. The time is up，now.

译文：现在我该离开了，时间已经到了。

（2）副词译成形容词。

例 1：The film impressed me deeply.

译文：这部电影给我留下了深刻的印象。

例 2：He was in a clear minority.

译文：他显然属于少数。

（3）副词译成名词。

例：He is physically weak but mentally sound.

译文：他身体虽弱，但智力正常。

（二）句子成分的转译

除了常见的词性转换外，有时候根据需要还要将句子成分进行转译。所谓句子成分转换的译法，是指为了使译文通顺流畅，符合目的语的表达习惯，翻译时把句子的某一成分（如主语）译成另一成分（如宾语等）。在多数情况下，词性转译必然导致句子成分的转译，例如，当英语的动词转译为汉语的名词或者副词时，该动词的谓语成分就相应地转译为汉语的主语、宾语或状语等。

1. 主语的转译

（1）主语转译为谓语。

例：The following definitions apply to the terms used in this specification.

译文：本说明所用的一些术语定义如下。

（2）主语转译为宾语。

例1：Much progress has been made in computer science in the last 20 years.

译文：计算机科学在近 20 年内取得了很大的进步。

例2：Organic compounds are not soluble in water because there is no tendency for water to separate their molecules into ions.

译文：有机化合物不溶于水，因为水没有将它们的分子分离成离子的倾向。

（3）主语转译为状语。有时英语句子中的主语是说明行为的原因、条件、时间等，这个时候就可以考虑将主语翻译成状语（从句）。这种情况多出现在简单句中。

例：The world has witnessed different roads to modernization.

译文：世界上已有了不同的现代化道路。

（4）主语转译为定语。如果主语和宾语之间的关系密切，或宾语本身就是主语的一部分，译成汉语时，为使译文符合汉语的表达习惯，往往把原文的主语转换为定语。

例：The human body has a very complex organization.

译文：人体的构造非常复杂。

如果翻译成"人体有一个非常复杂的构造"，虽然保留了原文相应的句子成分，但译文读起来就有翻译腔。

2. 谓语的转译

谓语动词转译成名词，并且在句子中充当主语成分。

例：Neutrons act differently from protons.

译文：中子的作用不同于质子。

3. 宾语的转译

宾语可以转译为主语和谓语。

（1）宾语转译为主语。

例：Take it easy. A cup of hot coffee will make you feel better.

译文：放松点，你喝杯热咖啡就会感觉好些的。

（2）宾语转译为谓语。

例：Before graduation we should make full use of the time left to arm ourselves with more knowledge.

译文：在毕业前，我们应当充分利用剩下的时间，用更多的知识来武装自己。

4. 状语的转译

（1）状语转译为主语。

例：We know that oxygen is necessary for the breathing of animals and plants for burning.

译文：我们知道，动植物呼吸和燃烧都需要氧气。

（2）状语转译为定语。

例：The weather is warm and sunny here.

译文：这里的气候温和，阳光充沛。

（3）状语转译为补语。

例：Jefferson died on July 4, 1826.

译文：杰斐逊于 1826 年 7 月 4 日离世。

5. 定语的转译

（1）定语转译为谓语。将定语转译为谓语通常是为了突出定语所表达的内容。

例：There is a large amount of energy wasted due to friction.

译文：由于摩擦而损耗了大量的能量。

（2）定语转译为"是"的宾语。同转译为谓语情况一样，转译为"是"的宾语也多半是为了突出其表达的内容。

例：The earth was formed from the same kind of materials that makes up the sun.

译文：构成地球的物质与构成太阳的物质是相同的。

（3）定语转译为状语。

例：The young man cast impatient glances at the old man.

译文：年轻人不耐烦地看了看那位老人。

总而言之，在英译汉时，经常需要转换句子成分，从而使译文逻辑正确，通顺流畅，重点突出。句子成分转译的内容和形式都比较丰富，运用范围也相当广泛，是翻译的重要方法与技巧，读者需要掌握。

（三）语态的转译

语态是表明句子中谓语与主语之间关系的一种语法手段。相比汉语，英语中被动语态使用范围大、频率高。根据两种语言的习惯，在英汉翻译时，英语被动句大部分情况下需要进行语态转译。一般有以下转译情况。

1. 转译成主动句

英语和汉语都有被动语态，但两种文字对被动语态的运用却不尽相同。同一个意思，英语习惯使用被动语态表达，汉语却往往要使用主动语态。因此，在翻译英语的被动语态时，将之转译为汉语的主动句便成为常用的翻译手段。一般而言，在被动转译为主动时，可以通过以下途径进行：原文中的主语在译文中仍然作主语；原文中的主语在译文中作宾语；译为"是……"的主动句；含主语从句的被动句型译为主动句。

（1）原文中的主语在译文中仍作主语。

例：Here, hold the baby while I fix her blanket. It's all pulled out.

译文：来，抱着孩子，我把毯子弄好，全都拉散了。

（2）原文中的主语在译文中作宾语。

例：Even when the pressure stays the same, great changes in air density are caused by changes in temperature.

译文：即使压力不变，气温的变化也能引起空气密度的巨大变化。

（3）译为"是……"的主动句。

例：Rainbows are formed when sunlight passes through small drops of water in the sky.

译文：彩虹是阳光穿过空气中的小水滴时形成的。

（4）含主语从句的被动句型译为主动句。以 it 作形式主语的英语句子，翻译时常要转为主动形式，有时可加上"有人""大家""我们"等不确定主语。

例：It is suggested that the meeting be put off till next Monday.

译文：有人建议会议推迟到下星期一举行。

2. 转译成无主句

在翻译过程中，译者可以将英语被动句转换成无主语或有主语的句子，也可以运用汉语中的"把""将"或"使"等使役动词。

例1：The students should be enabled to develop morally, intellectually and physically in an all-round way.

译文：必须使学生在德育、智育、体育方面得到全面发展。

例2：The unpleasant noise must be immediately put to an end.

译文：必须立即停止这种讨厌的噪声。

例3：Measures have been taken to prevent the epidemic from spreading quickly.

译文：已经采取了措施来防止这种流行病迅速蔓延。

例4：Water can be shown as containing impurities.

译文：可以证明，水含有杂质。

3. 转译成因果关系的句子

by 后面如果是没有生命的事物，有时就不是一般意义上的施予者，而是表示一个原因，翻译时可以用"由于、因此"等词带出。

例：Do not let yourself be discouraged or embittered by smallness of the success that you are likely to achieve in trying to make life better.

译文：不要因为你为改善生活所做的努力只取得小小的成功而气馁或伤心。

综上所述，在翻译时，英语被动句多数情况下应该转译成汉语的主动句，只有在特别强调被动动作或特别突出被动句时才译成汉语被动句。在实际的语段翻译中，被动语态的翻译要求对以上多种方法进行综合而且灵活的运用，这是自不待言的。教师要挑选一种既符合汉语习惯，又保持上下文连贯的译法。同时，既要注意语态转换的一般规则，也要注意其例外情况。

二、英语的分译法翻译

所谓分译就是指根据汉语的句法特点，把英语的句子分解成两个或两个以上的单位，以求译文在正确传达原文的思想内容的前提下更加明确。分译通常包括单词分译、短语分译和句子分译三种情况。

（一）单词分译

单词分译是指把原文中的一个单词拆译成一个小句或者句子。采用单词分译主要有两个目的：①句法上的需要；②修饰上的需要，这类分译可以细分为以下五类。

（1）单词词义分译。英语有些单词的语义呈综合型，即一个词内集合了多个语义成分。进行汉译时，很难将其词义一下全部表达出来。这种情况下，便可以采取单词分译法。

例1：The town boasts a beautiful lake.

译文：镇上有个美丽的湖，人人以此为豪。（动词）

例2：We recognize that China's long-term modernization program understandably and necessarily emphasizes economic growth.

译文：我们认识到，中国的长期现代化计划以发展经济为重点，这是可以理解的，也是必要的。（副词）

（2）单词搭配分译。英语中有些词语间的搭配关系，汉译时要突破原文的结构，按照汉语习惯，将有关词语分别译出。

例：She treated that lady with every demonstration of cool respect.

译文：她对待那位夫人不冷不热，不错规矩。

（3）灵活对等分译。英语中有些单词，如果按其在句中的位置机械地译成汉语，往往意义不够明确，遇到这类情况，译者不应该拘泥于原文形式，而应采用灵活对等分译法来处理。

例：Thus it was that our little romantic friend formed visions of the future for herself.

译文：我们的小朋友一脑袋幻想，憧憬着美丽的未来。

如果逐字译成"我们浪漫的小朋友憧憬着未来"，并不能算错，但意思却不甚明了，因为"浪漫"一词在汉语里含意较多。此处为"想入非非"，所以分译成"一脑袋幻想"较为明确。既突出了人物性格，又避免了翻译腔。

（4）突出语言重点。有时逐字翻译虽然也能使语句通顺，但不如分译更能传达句内所含的语义重点。

例：There was in the old library at Queen's Crawley a considerable provision of works of light literature of the last century, both in the French and English languages...

译文：在女王的克劳莱大厦的书房里，有不少 20 世纪的文学作品，有英文的，也有法文的，都是些轻松的读物……

（5）修辞需要词语分译。有时将单词分译是为了达到某种修辞效果。

例：And in their disputes she always returned to this point, "Get me a situation—we hate each other, and I am ready to go."

译文：从此以后他们每拌一次嘴，她就回到老题目，说道："给我找个事情，反正咱们你恨我我嫌你，我愿意走。"

此句中一个 hate 分译成"恨"与"嫌"两个字，使得译笔生动，读者如见其人。

（二）短语分译

短语分译是指把原文中的一个短语分译成一个句子。名词短语、分词短语、介词短语等有时都可以分译成句。

1. 名词短语分译

例：I wrote four books in the first three years, a record never touched before.
译文：我头三年写了四本书，这突破了以往的纪录。

2. 分词短语分译

例：He didn't remember his father leaving home when he was only 3 years old.
译文：他三岁时父亲就离家出走了，因此他不记得父亲。

3. 介词短语分译

例：Their power increased with their number.
译文：他们人数增加了，力量也随之增强。

（三）句子分译

句子的分译可以分为简单句的分译、并列句的分译、主从复合句的分译和长句的分译。

1. 简单句的分译

简单句的分译要根据具体情况，灵活处理。

例：A peasant and his family were working in a little field beneath the singing larks.

译文：农夫一家人正在一小块地里干活，头顶上云雀在唱歌。

2. 并列句的分译

并列句常常在分句连接处加以切分，译成两个或两个以上的句子。

例：I sat with his wife in their living room, looking out the glass doors to the backyards, and there was Allen's pool, still covered with black plastic that had been stretched across it for winter.

译文：我跟他妻子一起坐在他们家的起居室里，望着玻璃门外的后院。后院里有阿伦的游泳池，上面还盖着过冬时铺上去的黑色塑料棚。

3. 主从复合句的分译

英语主从复合句汉译时常在分句连接处加以切分，分译成两个或两个以上的句子。

例：Progress includes the involvement of younger researchers whose interest arose from exploration and field experience.

译文：受探险和野外经历的激发，出现了一批更加年轻的研究者。

4. 长句的分译

英语中有的单句不亚于复句，较长，也较复杂，不使用翻译技巧很难把它们译好。这类长句往往含若干短语和其他修饰语，汉译时宜采取"化整为零"的办法，把其中意思相对独立的尽量译成汉语分句，并按意思或用语法手段把它们组织起来。这样，译文就会层次清楚，语句简洁。

例：Care shall be taken at all times to protect the instrument from dust and damp.

译文：应经常注意保护仪器，勿使沾染尘土，勿使受潮。

把不定式 to protect 译成两个分句。

总而言之，英汉两种语言之间存在很大差异。在进行英汉翻译时，译者必须灵活使用不同的翻译技巧与方法。在众多的翻译技巧和方法中，分译法是改变原文句子结构的重要变通办法。分译法不仅可用于拆译长句，还可以用来拆译单句或短语，甚至可以用来拆译单词。另外，分译时，精心安排译文的语序是很重要的，其具体做法可归纳为四个字：顺、逆、抽、调。

第四节　英语的倒置法与重组法翻译

一、英语的倒置法翻译

所谓倒置法，即为了遵从目的语的表达习惯，翻译时有必要对原文的词序进行适当调整。这既包括词组或短语中的词序倒置，也包括句子中修饰成分的倒置，还包括句子结构的倒置。

（一）英语词组或短语中的词序倒置

词序调整在词组或短语的英汉互译中是非常普遍的。

例 1：She had such a kindly, tender, gentle, generous heart of her own.

译文：她为人厚道，性情温柔，待人和蔼，气量又大。（倒置前置定语）

原文中用五个形容词来修饰 heart，译文对 heart 和五个形容词的位置进行了互换，这种倒置更符合汉语的表达习惯。

例 2：We study hard in the classroom every day.

译文：我们每天在教室努力学习。（状语词序倒置）

（二）英语句子中修饰成分的倒置

（1）定语从句的位置倒置。在汉语中，定语修饰语和状语修饰语往往位于被修饰语之前；在英语中，许多修饰语常常位于被修饰语之后，因此翻译时往往要把原文的语序颠倒过来。倒置法通常用于英译汉，有时也用于汉译英。

例 1：Bernard Shaw was a well-known English playwright, who wrote many plays.

译文：萧伯纳写过许多剧本，是英国的一位著名剧作家。

例 2：At once the sky grew dark, and the ground opened up near the spot where they were standing. (Aladdin and the Wonderful Lamp)

译文：顿时天昏地黑，他们所站的地方附近的地皮裂开了。

（2）状语从句的位置倒置。表示方式或结果的英语状语从句，通常位于主句之后；其他表示时间、地点、原因、条件、让步或目的的状语从句可能置于主句之前，也可能置于主句之后；汉语中表示结果的状语也常位于主句之后，但表示时间、地点、原因、条件，让步或目的的状语却常置于主句之前。

例 1：Thunderous applause broke forth the moment she appeared on the stage.

译文：她一出现在台上，就爆发出雷鸣般的掌声。

例 2：The machine will start as soon as you press the button.

译文：你一按电钮，机器就会开动。

例 3：I'm proud that our country is forging ahead at such a speed.

译文：我国如此突飞猛进，我感到很骄傲。

例 4：We shall discuss the problem fully before we make the decision.

译文：我们在决定之前，必须充分讨论该问题。

例 5：Reads aloud in front of the teaching building every morning.

译文：她每天早晨在教学楼前大声朗读。

（三）英语句子结构的倒置

就句子结构而言，英语有前轻后重的特征，倾向于先推断或得出结论，再叙述或描写。这种谓语部分比主语部分要长或复杂的情况，语法学家称为"尾重型"结构。汉语结构的安排却相反。从逻辑结构上讲，两种语言在句型结构的安排上也存在差异。因而，在英汉互译时，常常需要进行句子结构的倒置以使译文更符合目的语的表达习惯。例如，译者有时需要将英语中表示"结果—原因"的句子结构颠倒成汉语的表示"原因—结果"的表达结构；将英语的"结论—解析"转化为汉语的"解析—结论"表达结构；以及将英语的"假设—前提"转化为汉语的"前提—假设"表达结构等。这些英汉之间句子结构的转化，其实是倒置翻译法中的一种情况。

总而言之，倒置法是一种与语法、修辞、逻辑、用法、思维方式密切相关的翻译技巧。英汉句子结构和语序上的一些普遍差异，要求译者在翻译的时候有必要重新安排原文的信息。

二、英语的重组法翻译

一般而言，英语长句译成汉语常用原序译法、换序译法和拆分译法，但在翻译实践中，往往不只是单纯地使用一种翻译方法。如果两种语言的表达方式不一致，运用顺译法便会显得牵强、别扭，这时则宜采用重组法。重组法一般用于英译汉，偶尔也用于汉译英。具体而言，就是解析原文结构，解读原文意思，然后根据目的语的思维方式和表达习惯重新组织和安排信息，译出原语真正要体现的内容和情感。

第三章　大学英语翻译的内容层次解读

第一节　英语翻译内容——词汇

一、英语词汇的翻译技巧

"语言与社会密不可分，它是社会的产物，并随着社会的变化而变化"[①]。汉语和英语在语法和表述习惯方面有着诸多不同，故把汉语词语译成符合英语语法和表述习惯的英语短语时，需使用一些翻译技巧。译者只有知晓并掌握了这些技巧，再凭借良好的英语语言基础，包括句法和词法以及足够的词汇量，才能自如地进行汉译英活动。学生之所以会存在阅读的困难，一个最直接的原因就在于词汇量不足。词汇量掌握的多少与学生阅读水平之间有直接的联系。学生认识的单词越多，他们的阅读障碍就会越小；学生认识的单词越少，他们的阅读障碍就会越大，阅读中遇到的困难也就越多。因此，要想不断提升学生的阅读水平，先要掌握更多的词汇翻译技巧。

（一）符合英语语法和表述习惯的增词法

汉译英时，首先，时常需要根据英语的语法和表述习惯，在汉语原文的基础上增添一些单词或词组；其次，当汉语原文的真实含义隐藏在字里行间而并未明确地得以表达，这样的句子译为英语时，一般可通过增词法把句子隐含的意思清楚地表达出来，以帮助读者理解其深刻内涵。

用增词法的原则是"增词不增意"，即译出隐意时不能增加或是改变原句之意。当然，有时为保持原文的风格和句子的特色，译者不能违背作者意图、把所有的隐含之义都清楚地译出，从而使译文变成白开水而失去许多意趣，致使读者失去思考和探索之乐。因此，译者既不能漏译原句的隐意，又不能把原著作者刻意要含蓄表达的隐意表述明白。换言之，译者要恰如其分在"undertranslation"和"overtranslation"之间找到平衡，避免走极端，从而使译文失去原文的风采。

---

① 陈洁.英语新词汇的特点及翻译技巧 [J].校园英语（教研版），2011（6）：84.

1. 根据英语语法习惯增加冠词

汉语没有冠词，把汉语译成英语时要适当加上冠词，具体做法如下：

（1）增加不定冠词。

例：我们在业务上有了良好的开端。

译文：We have made a very good start in our business.

（2）增加定冠词。

例：天空中开始闪烁着淡紫色、玫瑰红和琥珀色。

译文：Hues of lavender, rose and amber begin to pulsate in the sky.

2. 增加作主语和宾语的代词

（1）增加作主语的代词。在汉语中，如果前文出现过一个主语，而后面一句的主语与前文一致，那么后句主语可以省略。但是，翻译成英语时，一般要将这个被省略的主语补上。

例：这里到处可以看到枝繁叶茂的树木。

译文：Everywhere you can find lush trees here.

（2）增加作宾语的代词。汉语中，常常可以把动词后面已在前文出现过的宾语省掉，以避免啰唆。但是，在译成英语时，由于及物动词后面必须跟宾语，故要保留这个宾语；同时为避免重复，就用代词来替代前文提到过的这个宾语。

例：你越要掩盖自己的错误，就越会暴露。

译文：The more you try to cover up your mistakes, the more you reveal them.

（3）增加物主代词。

例：一只鹭从远处的岸边飞起，轻轻扇动着翅膀掠过湖面。

译文：A heron rises from a distant shore and gently fans its way over the lake.

3. 增加表示并列和从属关系的关联词

汉语复句之中，各分句之间的关联词常可不用，因为其前后的逻辑关系往往暗含于其中。而译成英语时，必须把这些关联词补充进去。

（1）增加并列连词。

例：她瘦弱憔悴。

译文：She is scraggy and haggard.

（2）增加从属连词。

第一，增加表示因果的从属连词。

例：他没有看过校长讲话的文本，不愿加以发挥。

译文：He declined to amplify on the principal's statement, since he had not read the text./ He had not read the text of the principal's statement, so he declined to amplify on it.

第二，增加表示条件的从属连词。

例：你不参加这个比赛，那我也不参加。

译文：I won't participate in the contest if you don't.

第三，增加表示时间的从属连词。

例：你明天去购物，帮我把这封信寄了吧。

译文：Please post the letter for me when you go shopping tomorrow.

4. 增加汉语中省略而英语中必需的介词

例：我家的屋后有一个果园。

译文：There is an orchard at the back of my house.

5. 增加表示特定文化的背景词汇

由于中西方文化间的差异较大，因此，关于中国特有文化的内容，如果简单而机械地译成英语，外国读者肯定会感到困惑。此时就有必要在译文中适当加上解释性词语，从而把该汉语词汇或短语所隐含的意思表达清楚。

例：茅台是我爷爷的最爱。

译文：Maotai liquor is my grandpa's favorite.

"茅台"是中国知名白酒品牌，这里其实具体指的是"茅台酒"。考虑到多数外国人并不知道这是一种酒，所以这里有必要添加"liquor"一词，予以说明。

（二）使用译文简洁流畅的省略法

把汉语译成英语时，可以省略不译出有些词汇和短语，以使英语译文更加简洁、流畅、地道。但是，使用省略法的前提是保持原文的意思不变，省略绝不等于漏译。

1. 省略汉语范畴词

许多汉语的名词性短语善用范畴词，而英语却相应地多用概括能力强、词义范围宽的抽象词。因此要将汉语翻译成地道的英语，一般应将汉语的范畴词省略不译。

例：visibility（能见度）；persuasion（说服工作）；emergency（紧急状况）。

2. 省略汉语重复词

汉语中常常重复某个词汇，以达到强调的特殊效果。但在英语中使用"重复"手段的频率远不如汉语高。因此，汉译英时，可以让重复部分只出现一次，或在第二次出现相同内容时，用代词代替，从而避免累赘。

例：热能可以转化为电能，电能也可以转化为热能。

译文：Heat energy can be transformed into electric energy, and vice versa.

3. 省略意思相同细节描写

汉语中常常连续使用几个结构相同、意思相近的并列词组来达到一定的修辞效果。将其译成英语时，一般只需译出中心意思即可。

例：她有着沉鱼落雁之容，闭月羞花之貌。

译文：Her beauty would put the flowers to shame.

4. 省略汉语语气助词

汉语中常使用语气词"吗、呢、呀、啊"等来表达说话者疑问、惊讶、感慨等语气，译成英语时，常可省略。

例：类人猿能掌握类似于人类的语言吗？

译文：Can an ape master anything like human language?

（三）将抽象或含义模糊的词语具体化

汉语原文中有些用词比较抽象或含义比较模糊，翻译时不妨把这些词语加以具体化，以使英语译文更加形象生动，同时也能帮助读者理解其中的深意。

例1：我们刚进入太空时代。

译文：We are at the dawn of the space age.

例2：他精彩的演讲博得满堂彩。

译文：His remarkable speech brought down the house.

（四）将具象词汇或成语抽象化

不少汉语的词汇或成语非常形象具体，但在英语中往往没有语义和形象完全与之对应的短语。若按照字面意思生硬地直译过来，读者或会感到非常费解。因此，译者不妨把这个"具象"的词汇或成语"抽象化"翻译，以使英语译文自然流畅，也能帮助读者领会其隐含的意思。

例：流利的英语是她进入这家合资企业的敲门砖。

译文：Fluent English is her entree to this joint venture.

（五）词性的转化法

汉语和英语在某些词性的使用频率上习惯不同。一般而言，汉语是偏"动态"的语言，其动词的使用频率较高，连动式和兼语式等结构也常出现，而英语是偏"静态"的语言，相对而言，名词和介词的使用频率较高。因此，把一些汉语动词译成英语时，需按照英语的表达习惯，适当改变这些汉语动词的词性。其他词性的汉语词汇译成英语时，有时也需要转换词性翻译，以使译文更为地道。

第一，根据动词转换为英语名词。

例：采用这种新装置可以大大提高效率。

译文：The adoption of this new device will greatly improve the efficiency.

第二，根据动词加副词转换为英语形容词加名词。

例：物价上涨得那么快，老百姓简直难以应付。

译文：Ordinary people simply cannot cope with such sharp rises in prices.

第三，根据动词转换为英语副词。

例：他打开窗户，让新鲜空气进来。

译文：He opened the window to let fresh air in.

第四，根据动词转换为英语介词。

例：教师捧着试卷走进了教室。

译文：The teacher entered the classroom with the examination papers in her arms.

第五，根据形容词转换为英语动词。

例：这个湖很臭。

译文：The lake smells terrible.

第六，根据名词转换为英语动词。

例：女神狄刻是正义的化身。

译文：The goddess Dice personifies justice.

第七，根据名词转换为英语形容词。

例：这名伤者被迅速送往医院。

译文：The injured was quickly sent to the hospital.

第八，根据名词转换为英语副词。

例：严格的训练使他们身心疲惫。

译文：The strict training made them tired, both physically and mentally.

（六）根据汉英各自表达习惯的视角转换法

有些汉语词汇在英语中找不到对应的词汇，这时就需要转换视角以找到翻译的突破口。此外，根据汉语和英语各自的表达习惯，有时需要把从正面表述的汉语翻译成从反面表述的英语，或者把从反面表达的汉语翻译成从正面表达的英语，类似于英译汉中的正反译法。

例：她们虽是妯娌，但关系却不太好。

译文：Although their husbands are brothers, they are not on good terms with each other.

（七）改变形容词与副词语序的结构调整法

第一，名词前有多个形容词修饰时，这些形容词在汉语和英语中的位置是不尽相同的。因此在汉译英时，要根据英语习惯改变这些形容词的前后次序。

例：这本书介绍了优秀的德国现代建筑。

译文：This book gives an introduction of outstanding modern German architecture.

第二，汉语常把表示时间、地点等的定语置于被修饰名词之前，译成英语时，一般而言，要把这种定语后置。

例：你看过《霓虹灯下的哨兵》吗？

译文：Have you seen Sentinels under Neon Lights?

（八）选择英语同义词组的归化法

有些汉语词组恰好能在英语中找到意思极为相近的对应词组。此时，不妨将英语中与之相对应的词组作为其译文，以使英译文更加符合英语的文化背景、更易于被英语使用者接受。

例1：丁字尺。

译文：T-square.

该汉语词汇以"丁"字来生动而形象地描绘了这种尺子，令人一目了然。但把该词组译成英语时就有麻烦，因为许多外国人并不认识汉字。而且汉字"丁"是利用其字形来描述尺的形状，而并非利用其意。所幸，英语26个字母中的"T"恰好与汉语"丁"字极为相近，因此翻译时可用"T"来代替"丁"，起到相似的表述作用。

例2：一箭双雕。

译文：Kill two birds with one stone.

该汉语成语恰好在英语中有个意思雷同的成语与之对应。尽管"箭"与"stone"，"雕"与"bird"概念并不等同，但两个短语所表达的含义却是如出一辙。所以可用英语成语来译汉语成语，保持原文的精彩妙趣。

例3：咬紧牙关。

译文：Bite the bullet.

在得不到麻醉药的情况下，医生给伤员动手术时会让他们嘴巴紧紧咬住毛巾或皮带，以此保护舌头，以及帮助伤员缓解手术过程中的剧烈疼痛。于是该英语短语就沿用至今，并被赋予抽象的含义。这一英文短语无论在具体还是在抽象的含义上都可与此汉语短语相对应。

还有下列的例子可说明此译法：

例4：挥金如土。

译文：Spend money like water.

例5：得寸进尺。

译文：Give sb.an inch and he will take a mile.

例6：这个踌躇满志的大学毕业生认为自己有点石成金的本领。

译文：The ambitious university graduate thought that he had the Midas touch.

根据希腊神话的描述，酒神狄俄尼索斯赐给了佛里几亚国王 Midas 一种力量，使他能把手触摸过的东西都变成金子。此英语短语恰好对应汉语之意，且形象生动。

（九）使汉语文化内涵更加清晰的加注法

汉语中许多词汇具有本族特有的丰富文化内涵。译成英语时，仅靠用增词法还不足以把相关的文化背景介绍清楚，此时就需借助详细注释，帮助读者明白汉语句子的真实含义及其相关文化背景。

例：佛跳墙是一道福州传统名菜。

译文：Buddha Jumping over the Wall (Stewed Shark Fins with Assorted Seafood) is a famous traditional dish in Fuzhou.

注释：It is a name after a legend saying that even Buddha could not resist the temptation of the dish and jumped over the wall of the temple to taste it.

二、英语词汇的翻译类别

句子和篇章都是由词语组成的，要做好翻译，必须重视词语的翻译。有所不同的是英语中有冠词，而汉语中有量词和语气词。

（一）名词翻译

英汉名词特点基本相同，都表示人、地方和事物的名称，但英语倾向于运用名词来表达某些在汉语中常以动词表达的概念。因此，就词类而言，英语中以名词占优势，即英语倾向多用名词。

1. 英汉专有名词翻译

专有名词是指人名、地名、机构团体名和其他具有特殊含义的名词或名词词组。

（1）英汉的人名。

第一，英汉姓名的顺序差异。汉语先说姓后说名，如李四光，"李"是姓，"四光"

是名。而英语反之，即先说名后说姓，如 Benjamin Franklin，Benjamin 是名，Franklin 是姓。

第二，英汉姓名的组成差异。汉语人名是由"姓＋名"构成，其中姓有单姓和复姓，名也有单名和双名，如诸葛孔明，"诸葛"是复姓，"孔明"是双名；司马光，"司马"是复姓，"光"是单名；陈景明，"陈"是单姓，"景明"是双名。第二个名即中间名，是教名，由教堂的牧师或神父命之。习惯上欧美人都有两个名，但第二个名很少用，常常只写首字母或省略。

第三，人名的翻译原则。

一是名从主人。名从主人原则是指在翻译人名时，要以该人名所在国的语言发音为准，不能从其他文字转译。也就是说译英国人名时要以英语的音为准，译中国人名要以汉语的音为准，译法国人名要以法语的音为准，即是哪个国家的人名，就以哪国的音为准。如 John 约翰；李明 Li Ming。

二是约定俗成。约定俗成原则是指有些人名在长期的翻译实践中已经有了固定的译法，已为世人所公认，一般不轻易改动，即使译名不够妥帖。在以往的翻译中不乏这样的例子，如英国作家 George Bernard Shaw 应该译为"乔治·伯纳·萧"，但是过去一直被译为"萧伯纳"，这个中国化了的译名一直沿用下来。又如，英国作家柯南道尔的小说中的主人公 Holmes 惯译为"福尔摩斯"，尽管按读音应译为"霍姆斯"。在汉译英中，也是如此，如孙中山译为 Sun Yat-sen，一直沿用至今。

（2）地名的翻译。

第一，地名的翻译原则。地名的处理同历史、国情、语言及习惯等都有关系，一般要遵循以下原则：

一是名从主人。地名翻译仍然要遵循"名从主人"原则，即翻译地名必须遵照原来的读音。如 Paris 按英语的读音应译为"巴黎斯"，但由于在法语中"s"不发音，所以译为"巴黎"。

二是约定俗成。地名具有社会性，应该有相对的稳定性，一经约定俗成，就代代相传。所以已经被广泛接受的译名，不要轻易改变。如俄罗斯首都一直被译作"莫斯科"，这是按英文 Moscow 音译的，如按俄文应为"莫斯克娃"。又如，Green Witch 一直沿用"格林威治"的译名，虽然它的标准译名应该是"格林尼治"。

第二，地名的翻译方法。

一是音译法。音译法也是翻译地名的最常用方法。在翻译时同样遵循前面关于人名翻译时讲到的准则，即要保证音准，不用联想词和生僻字，翻译时可省略不明显的音，但不能添加音。如英语地名 London 译作"伦敦"，Chicago 译作"芝加哥"。汉语地名的英译一般用汉语拼音进行音译，如"山西"译作 Shanxi，"上海"译作 Shanghai。

二是意译法。意译法是指根据原文的意思，按照目的语的构词法进行翻译。有些地名有明确的意义，这种情况多采用意译，如 Thursday Island 译为"星期四岛"（因探险者于星期四发现它而得到此名），Long Island 译为"长岛"，the Pacific Ocean 译为"太平洋"，Red Sea 译作"红海"，Pearl Harbor 译作"珍珠港"，等等。

三是音意混译法。音译混译即一半用译音，一半用译意来翻译一个地名，如 Northampton 译作"北安普敦"，New Zealand 译作"新西兰"，New Mexico 译作"新墨西哥"等。一般而言，由具有词义的词和不具有词义的词组成的地名，可采用音意混译法。

第三，其他问题。

一是地名翻译时增加通名（如"山""川""河""海""省""市"等）。例如，"纽约市""日内瓦湖"，其中"纽约""日内瓦"是专有名词，"市""湖"是通名。有的地名原文不包括通名，但是，为了便于读者了解，翻译时有时需要增加"山""川""河""海""省""市"等族类词。

例：He slipped out of the State Department and crossed the Potomac to Arlington, Virginia, where the civil ceremony took place.

译文：他偷偷地溜出了国务院，渡过波托马克河到弗吉尼亚州的阿林顿县，在那里举行了公民结婚仪式。

译文中分别给 Potomac、Arlington、Virginia 加上了通名，而非简单音译过来，以免缺少文化背景知识的读者理解起来困难。

二是增加国名或区域范畴词。有时一个译名可指数个不同的地点，如"圣路易斯"可指巴西的 San Luis，阿根廷的 San Luis，也可以是美国的 Saint Louis。对于异地同名者，翻译时可加注国别、省市等区域范畴词，以区分不同的地方。上述的"圣路易斯"可做如下处理：圣路易斯（巴西），圣路易斯（阿根廷），圣路易斯（美国）。

2. 英语普通名词翻译

（1）名词译作名词。

第一，英语中的名词多数都可以译作汉语中的名词。

例1：We found the hall full.

译文：我们发现礼堂坐满了。

例2：The flowers smell sweet.

译文：花散发着香味。

第二，增加范畴词。抽象名词有时候说明人以及事物的性质、情况、动态、过程、结果等，有时候又是具体的人或事物，这些词若直译，不能给人具体明确的含义，因此，翻译时往往要在汉语的抽象名词的后面加上范畴词"情况""作用""现象""性""方法""过程"等来表示行为、现象、属性，使抽象概念更具体些。

例 1：Keep your eyes on this new development.

译文：请你注意这个新的发展情况。

抽象名词 development 译作具体的事物"发展情况"。

例 2：Under his wise leadership，they accomplished the "impossibility".

译文：在他的英明领导下，他们完成了这件"不可能完成的工作"。

抽象名词 impossibility 译作"不可能完成的工作"。

（2）转译为动词。

第一，含有动作意味的抽象名词往往可以转译成动词。

例 1：A careful study of the original text will give you a better translation.

译文：仔细研究原文，你会翻译得更好。

含有动词意味的 study 译作了汉语的动词"研究"。

例 2：The sight and sound of our jet planes filled me with special longing.

译文：看到我们的喷气式飞机，听见隆隆的机声，令我特别神往。

含有动词意味的 sight 和 sound 分别译作了汉语的动词"看到"和"听见"。

第二，由动词派生的抽象名词往往可转译成汉语动词。在英译汉中，常将那些由动词转化或派生而来的行为抽象名词，转译成汉语的动词，以顺应汉语多用动词的习惯。

例 1：Enough time has passed since Dolly's arrival for a sober, thorough assessment of the prospects for human cloning.

译文：多利出生以来，人们用了足够多的时间，审慎而详尽地评估了人类克隆的前景问题。

arrival 译成汉语动词"出生"，名词 assessment 译成动词"评估"，读起来更顺畅，符合汉语用词习惯。

例 2：In spite of all the terrible warnings and pinches of Mr.Bumble, Oliver was looking at the repulsive face of his future master with an expression of horror and fear.

译文：尽管本伯尔先生狠狠警告过奥利弗，又在那里使劲掐他，他还是带着惊恐害怕的神情望着他未来的主人那张讨厌的脸。

句中的英语名词 warnings 和 pinches 分别译作汉语的动词"警告"和"掐"。

3. 英语名词复数翻译

名词复数在英语中广泛使用，在汉语中若该复数概念是可以意会的，汉译时一般不必把复数译出来。但有些情况下，需要明确表达原文含义或符合汉语的习惯，则须将复数译出。这时英译汉通常采取增词法或重复法表达名词的复数。

（1）省译名词复数。由于汉语名词的复数不是通过词形变化表示的，因此，英语名词复数在汉译时通常不必译出来。英语的某些名词，总是以复数形式出现，这是因为它们表示的物体总是由两部分构成。如 glasses（眼镜），trousers（裤子），shorts（短裤），knickers（短衬裤）等。在汉译的时候，这些词不必译为复数。

（2）用增词法翻译名词复数。通常而言，汉语是通过加数量词或其他的方式表示复数的，而英语是用名词的形态变化表示复数的。一般而言，在英语复数名词译成汉语时，根据上下文需要，可在名词前加定语"一些、各（诸）、成批（群、堆等）的"，或在名词后加复数词尾"们、群、之流"等表达。

（3）用重复法翻译名词复数。为了加强名词本身或使译文明确、通顺，不至于造成逻辑混乱，常常采用名词重译的方法。

（二）代词翻译

代词可以代替词、词组、句子甚至可以代替一大段话。代词翻译的具体内容如下：

1. 英语代词翻译

关系代词、指示代词和不定代词。

第一，关系代词。英语常用的关系代词有 who，whose，whom，which 等。关系代词所引导的定语从句如需分开译，则关系代词的译法与人称代词及物主代词的译法基本上相同。

一是译成汉语的代词。

例 1：I was a willing worker, a fact of -which my new boss took fully advantage.

译文：我很爱干活，新老板就尽量占我这个便宜。

例 2：My cousin is a painter, who is in Japan at present.

译文：我表哥是个画家，他现在在日本。

例 1 中的 which 译成"这个"；例 2 中的 who 译成"他"。

二是重复英语的原词（先行词）。

例：Rain comes from clouds, which consist of a great number of small of particles of water.

译文：雨从云中来，云中有无数的小水滴。

由于提到的物或人不止一个，因此，在译文中重复原词以避免混淆。

第二，指示代词。

一是英语的 this（these）和 that（those）有着严格的区别，除了表示"这（些）""那（些）"之外，this（these）指较近的事物，或下文将要提及的事物；that（those）指较远的事物，或者上文已提及的事物。而汉语的"这"与"那"区别较小，一般而言，that 常可译成"这"。

例 1：There is nothing comparable in price and quality. That's why we choose it.

译文：在价格和质量上都有着无与伦比的优势，这就是我们选择它的原因。

指示代词 that 指代上文，被译为"这"。

例 2：Do you remember how we recruited, organized and trained them? That's the basic way to set up a club.

译文：还记得我们如何招募、组织并训练他们的吗？这就是成立一个社团的基本方法。

指示代词 that 指代上文，被译为"这"。

二是有时英语在前一句中提到两个名词，在后一句中就用 this（these）指第二个名词，用 that（those）指第一个名词。翻译时，汉语常重复原词，而不用"这"与"那"。

例 1：I'm going either today or tomorrow; the latter is more likely.

译文：我或者今天走，或者明天走，明天的可能性大一些。

例 2：My father was Irish, my mother was a Highlander.The former died when I was seven years old.

译文：我父亲是爱尔兰人，母亲是苏格兰高地人。我七岁时父亲就死了。

第三，不定代词。

一是 some 和 others 常一起用于英语复合句中，汉语译作"有的……，有的……""或……，或……"

例 1：Some walked to the station, others took a bus.

译文：有的步行去车站，有的乘公共汽车去。

例 2：Some of our classmates come from Eastern China, some from Southwestern China, some from North China, and others from the North-east of China.

译文：我的同学或来自华东，或来自西南，或来自华北，或来自东北。

二是 one...another...a third... 用于复合句中，是表示许多并列的事物，汉语译成"一（个）……，一（个）……，一（个）……"或其他表示并列的句型。

例：Tomorrow morning we have three classes: one is reading; another is oral English, and a third is translation.

译文：明天上午有三堂课，一是阅读，二是口语，三是翻译。

2. 汉语代词翻译

汉语的代词分为人称代词、指示代词和疑问代词三类，具体内容如下。

（1）人称代词。汉语常见的人称代词基本形式为：我、你、她、他、它。在它们的后面增加"们"字，可构成它们的复数表达形式。"自己"是一个复称代词，如果句子的主语是人称代词或指人的名词，后边又需要复称主语的，便用"自己"。汉语中，还有"咱、咱们、我们"，表示听话人在内的所有人。汉语使用代词比较少，如果句子能读明白，一般而言，不加代词，以使句子简洁；有时为了避免重复名词，也使用代词，因此，翻译人称代词时要根据具体情况进行翻译。

第一，增补人称代词。英语通常每句中都要有主语，因此，翻译时要补充人称代词，以符合英语语法习惯。

例1：漏电会引起火灾，必须好好注意。

译文：Leakage will cause a fire, you must take good care.

例2：如果有时间就来串门。

译文：If you are free, please drop in.

以上两例都是无主语句，但翻译成英语时译成了复合句，要增加主语 you，使句子完整。

第二，增补物主代词。汉语的很多句子的逻辑关系明确，不需要用物主代词，但是，英语中涉及人的器官、所有关系、有关的事物时，都要用物主代词。因此，英译时应该增补物主代词，使关系清楚。

例1：他们在做化学实验。

译文：They are doing their chemical experiments.

增补了物主代词 their。

例2：她费了不少劲才找到回家的路。

译文：It was with some difficulty that she found the way to her own house.

增补了物主代词 her。

例3：他耸耸肩，摇摇头，两眼看天，一句话说不出。

译文：He shrugged his shoulders, shook his head, cast up his eyes, but said nothing.

句中增补了三个物主代词 his。

第三，增补反身代词。汉语的一些句子的反身代词是隐含的，英译时应该补上，尤其是一些作宾语或同位语的反身代词。

例1：为何我们扇扇子会感到凉快？

译文：Why do we feel cooler when we fan ourselves?

译文中的反身代词 ourselves 在从句中作宾语。增补了反身代词会使句意更完整，即把汉语隐含的内容翻译出来了。

例2：她由于工作落后而感到惭愧。

译文：She was ashamed of herself for being behind in her work.

herself 在译文中充当介词 of 的宾语。

例 3：昆虫到冬天就蛰伏起来了。

译文：Insects hide themselves in winter.

第四，人称代词照译。汉语的一些人称代词在句中的用法同英语相似，因此，译成英语时可以照译。

例 1：电子计算机为我们节省了大量时间。

译文：The electric computer saves us much time.

例 2：咱们今天觉得怎么样，琼斯先生？

译文：And how are we feeling today, Mr.Jones?

例 3：大家都说物价又要上涨了。

译文：They say prices are going to increase again.

（2）指示代词。汉语的指示代词基本形式是"这、那"，由此衍生出的常用指示代词有：表示处所的"这儿、那儿、这里、那里"；表示时间的"这会儿、那会儿"；表示方式的"这么（做）、那么（做）、这样（做）、那样（做）"；表示程度的"这么（高）、那么（高）"等。

第一，增补指示代词。英语中常用指示代词来代替句子中曾经出现过的名词，但汉语对出现过的名词常常省略，因此在汉译英时需要增补指示代词。

一是在英语的比较句式中，常常用指示代词来替代前面提到的事物，以避免重复。

二是汉语中表示自然现象、时间、距离、天气等情况时，多用无人称句；但英语的句子必须有主语，因此，译成英语时要增补主语，所增补的主语通常是 it。

三是有时为了英语语法的需要，翻译时要增补形式主语或形式宾语。

第二，照译指示代词。

例：这是一座现代化的工厂。

译文：This is a modern factory.

（3）疑问代词。汉语中常见的疑问代词有：谁、哪儿、哪里、怎样、怎么、怎么样等。汉语和英语都把疑问代词用在疑问句中，并且都有相对应的词，所以，通常在汉译时可以照译。

例 1：谁在隔壁房间打字？

译文：Who is typing next door?

例 2：哪儿能买到邮票？

译文：Where can I buy some stamps?

例 3：我怎样才能找到好工作？

译文：How can I find a satisfactory job?

（三）冠词翻译

冠词是一种虚词，本身不能独立，只是附着在一个名词前帮助说明这个名词的含义。英语中的冠词有不定冠词 a（an）以及定冠词 the。汉语中没有冠词。

1. 不定冠词 a（an）的译法

不定冠词 a（an）具有一定的意义，但并不是必须要译出的。汉语"量词"很多，翻译时需要注意搭配，有所选择。翻译时不能见到 a 就译成"一个"，而不考虑"个"是否和后面的名词相配。

2. 定冠词 the 的译法

（1）定冠词 the 在汉译时常省略。在汉语中，名词是泛指还是专指，类指还是特指，往往从上下文或者语境中可以知道，所以一般不需要指示代词"这"或"那"。因此，在汉语译文中，定冠词 the 常省略。

（2）定冠词 the 译成"这""那"或其他词。

第一，冠词在指示性作用较强的地方，定冠词 the 可以翻译出来，因为有些名词要是不加"这（那）"就容易和别的事物混淆。

第二，名称替换。在英语中，有时候提到一个人或一件事物，以后再提的时候却变了一个说法，这就是名称替换。用这样的方法，很多时候都要用到定冠词（或物主代词），在翻译的时候有两种处理办法。

（四）副词翻译

1. 英语副词翻译

英语副词是说明时间、地点、程度、方式概念的词，一般情形下，可以修饰动词、形容词、副词或全句，表示状况或程度。

（1）英语副词可以译成汉语的副词、形容词、动词、名词代词、独立句、关联词等。

（2）副词词序及其翻译。英语副词位于英语句首、被修饰词之前或介于被修饰部分之间，汉译时，位置可以不变。

2. 汉语副词翻译

汉语的副词是表示动作、行为、性质、状态等在程度、范围、时间、情态、频率、否定、语气等方面不同情况的词。副词主要用作状语，像"很、极"可以放在形容词后作补语。汉语的副词可以译成英语的副词、形容词、名词、动词、介词。

（五）动词翻译

1. 动词时态翻译

（1）英语动词时态的翻译。

第一，一般现在时。一般现在时主要表示经常性的动作或现在的特征或状态，还可用来表示普遍真理。一般现在时还可以用在条件和时间状语从句中表示将来的动作，用来代替一般将来时。谓语动词一般采用直译的方法，有时还可以在动词前用"可以……""会……"等。

第二，一般过去时。一般过去时主要表示过去某时发生的动作或情况（包括习惯性动作）。有些情况，发生的时间不是很清楚，但是，实际上是过去发生的，应当用过去时态。一般过去时的译法比较简单，一般不需要添加哪些副词或者助词来表示过去时，这是因为汉语习惯上不需要明确表示动词的时态。根据上下文，或者借助句子里的时间状语，便可表达过去时。但是有时候为了更加准确地翻译，或者为了强调起见，也可在动词前后添加"已经""曾""……过""……了"等字，或者在句首添加"以前""当时""过去"等时间副词。

第三，一般将来时。一般将来时表示将要发生的动作或存在的状态。在翻译这种时态时，大多数都可以在动词的前面添加，如"将要……""会……""便""就"等词。

第四，现在进行时态。现在进行时表示某一时刻，或是某一时段正在进行的动作，译为汉语时，译文中有"着""在""正在""不断"等体现进行时的词。

第五，现在完成时。翻译现在完成时，可在动词前面添加时间副词"已经"和在后面添加助词"了""过"或者"过……了"。

（2）汉译英中的时态表达。汉语句子的时态通过词来表示，其中包括副词、助词以及时间短语等。

第一，通过一些特定词进行翻译。

一是如果句子用"着""一直/不断/不停""在""从……来""向……来/去""边……边……"，那么句子的时态为进行时。在没有时间状语的情况下，可以翻译成现在进行时态，现在完成进行时态或者过去完成进行时态。

二是如果句子用"将要""要"，那么句子的时态为将来时态。如果句子用"要/快要……了"，那么句子的时态为将来完成时态。如果句子用"已经在……了/呢"，那么句子的时态为完成进行时态。

三是如果句子用"了""已经""完""好""掉""成"，那么句子的时态一般为完成时。在没有时间状语的情况下，可以翻译成英语的过去时、现在完成时或者过去完成时。

第二，不同的理解，不同的翻译。汉语句子的时态意义主要是靠语境提示，即使有一些特定的词起到了提示作用，它们与英语也并非逐一对应。

2. 被动语态翻译

被动语态是英语动词的一种变化形态，表示句子的谓语动词和其主语之间存在逻辑的动宾关系。被动句的主语实际上是谓语动词动作的承受者。被动语态的广泛使用是英语有别于汉语的又一个特点。被动语态的出现多为下列四种情况：①不知道或者不必说出动作的执行者是谁；②动作的承受者是谈话的中心；③出于礼貌、措辞选用等方面的考虑，不愿意说出动作的执行者是谁；④为了上下文的衔接或者句子的合理安排。

汉语中也有被动句，但使用范围较狭窄，许多被动意义的句子是用无主句的形式来表达的。汉语的被动语态表现为三种形式：显性被动，用"被""让""叫""给"及"由"等介词作语态标定的句式；半显性（半隐性）被动，用"加以""……是……的""……的是……"及"……为……所……"等句式；隐性被动，即逻辑上的被动以形式上的主动表示。

（1）英语被动语态的翻译。英语中的被动语态，在多数情况下要译成符合汉语习惯的主动语态，也有少数保留被动语态。

例如，译成汉语的主动句。首先，保留原文中的主语。在将被动句翻译成汉语的时候，有时可以将原文中的主语仍作译文中的主语。其次，将原文中的主语翻译成宾语。如果原句中没有施动者，在必要的情况下还可以在译文中添加相应的主语如"人们""大部分人""大家"等。最后，有些是以 it 为形式主语的句子，在译成汉语时常常要改变成主动形式。译文有时不加主语，有时需要加入不确定的主语，如"有人""大家""人们""我们"等。

（2）汉语被动句的翻译。与英语反之，汉语常用意义被动式，少用结构被动式。翻译时，常用英语的被动式表达。

3. 虚拟语气翻译

虚拟语气表示说话人所说的话不是事实，或者不可能发生，而是一种愿望、建议、猜测或与事实相反的假设等。英语通过动词形态变化来表述虚拟语气，而汉语主要利用词汇手段来表述。现代汉语用于表示虚拟的词语范围比较广，但主要是以下词语类别：

（1）参与组成谓语部分的前置助动词。

第一，表示能力和可能性：能、能够、可以、会、可能等。

第二，表示意愿和意向：愿、愿意、情愿、敢、肯、乐意、想、要等。

第三，表示推测和必要：应、应该、当、该、得等。

（2）参与加强或限定谓语成分的副词。

第一，就、就会："就"以及"就"与助动词"会"的搭配式"就会"是表示"假设"的最重要的副词。"就"是一个表示强调的副词："我要是你，我就去。"这时的"就"是不可少的，不能省的。"就"之前还可以加"早"，作为对"就"的强调。"就"的基本作用是加强。

第二，本、本来、原本（是）：也是现代汉语中参与构成假设陈述重要的副词，其作用是限定。

第三，竟："竟"是表示出乎所料的一个副词，其作用是加强。一般而言，现代汉语表示"假设"的谓语形式就是以上两类情态辅助性词语与动词的组合，一般结构形式是"副词＋助词＋动词"。

引导条件句的连接词。一般而言，现代汉语在复句中表达假设的含义，是通过连词引导条件句来完成的。这样的连词包括：如果；假如，假设，假定，假若；若，倘使、倘若，若使、设若；要是。

（3）英语虚拟语气及其翻译。在英译汉时，要根据各种谓语动词的形态、表示假设的连词以及特殊的句子结构和某些特定的词语来判定虚拟语气的类型，并加以恰当地表达。虚拟条件句，即非真实条件句中，条件从句及主句所用谓语动词的形式，根据时态的不同，可以分为三种形式：①与现在事实反之；②与过去事实反之；③与将来事实相反。句中的条件从句和结果主句都需用虚拟语气。

（4）汉语虚拟语气及其翻译。

第一，有虚拟标志的汉语句。根据汉语的词汇手段，即虚拟标志，大体可以从字面上判断出汉语的虚拟语句。然后用相关的英语虚拟语句译出。

第二，隐性虚拟汉语句。对没有虚拟标志的汉语语句，即汉语的隐性虚拟表达，一般而言，可通过句子的逻辑含义来判断。如果是虚拟语句，则用相应的英语虚拟语句译出。

（六）连词翻译

连词是连接词与词、短语与短语、句与句的词。连词可分为两类：并列连词和从属连词。并列连词是用来连接同等的词、短语或分句的；从属连词是用来引起从句的。

1. 英语连词翻译

（1）省略不译。在英译汉时，有些连词在很多情形下可以不译，特别是一些在句子里只起连接作用而本身并无意义的连词，一般而言，可以略去不译。

（2）照译。有些连词在句中除了起连接作用外，本身也具有一定的含义，特别是一些连词短语，具有很强的含义，但是如果省译会影响对句子的理解，就要照译。

（3）转译。英语的连词除了可译作汉语的连词外，还可根据原句中的关联作用译成汉语中的副词、介词、助词、动词。

2.汉语连词翻译

在汉语中，词与词、短语与短语、分句与分句不一定需要连词连接。例如，"文（学）艺（术）界""好好学习，天天向上""王老师工作一贯认真负责，这次被评为'优秀班主任'"等。

第二节　英语翻译内容——句式

一、英语句式翻译的类别

"中西方思维方式的差异在英汉两种语言中就明显体现出来"[①]。英语文体各异，句型复杂，长句的出现频率高，逻辑性强，给译者增添了许多困难。然而，英语语言具有"形合"的特点，无论多长、多么复杂的结构，都是由一些基本的成分组成的。译者首先要找出句子的主干结构，弄清楚句子的主语、谓语和宾语，其次解析从句和短句的功能，解析句子中是否有固定搭配、插入语等其他成分。最后，按照汉语的特点和表达方式组织译文，这样就能保证对句子的正确理解。

（一）英汉句子的类型

英汉两种语言中的句子种类及类型有同有异，具体如下：

（1）英语句子种类及类型。句子是按语法规律构成的语言单位，用以表达一个完整的、独立的意思。句子是构成篇章的基本单位。句子的种类一般是按使用目的划分的，主要有陈述句、疑问句、祈使句和感叹句。句子的类型是按结构划分的，可大体分为简单句、并列句和复合句三种。

（2）汉语句子种类及类型。汉语的句子有单、复句之分。单句可以从不同的角度来分类。从句子所表达的内容和句子的语气来看，单句可以分为陈述句、疑问句、祈使句和感叹句四类。从句子的语法结构来看，单句又可分为完全句、省略句、无主句和独语句四类。复句是由两个或两个以上在意义上有某种联系的单句合起来构成的比较复杂的句子。构成复句的单句叫分句，这些分句必须有一定的联系，这种联系可以用语序或关联词来表示。

第一，复句的结构比单句复杂，意义和容量也较大。复句的类型是依据分句之间意

[①]　黄宇.从中西思维差异浅谈商务英语句式的翻译——以产品推介翻译为例[J].海外英语（上），2022（3）：23.

义上的不同来划分的，一般而言，分为联合复句和偏正复句两大类。联合复句各个分句意义上的联系是平行的，可用来表示并列关系、递进关系、承接关系、选择关系和取舍关系等。

第二，偏正复句各个分句意义上的联系是有主次之分的，表示主要意义的分句叫作正句，表示次要意义的分为句叫作偏句，通常偏句在前，正句在后。偏正复句按偏句和正句之间意义上联系的不同可以分转折复句、条件复句、假设复句、因果复句、目的复句等。例如，"他的话太感动人了，可惜我不能够照样说出"；"国无论大小，都各有长处和短处"；"如果你肯让我们抄写，我们很乐意的啊"；"既然你这么说了，我就跟你去一趟吧"；"你快去吧，免得他等急了"。

（二）定语从句翻译

在英语中，定语从句分为限制性从句与非限制性从句两种，在句中的位置一般是在其所修饰的先行词后面。限制性定语从句与非限制性定语从句的区别主要在于限制意义的大小。而汉语中定语作为修饰语通常在其所修饰的词前面，并且没有限制意义的大小之分，因此，限制与非限制在翻译中并不起十分重要的作用。英语中多用结构复杂的定语从句，而汉语中修饰语不宜，所以，在翻译定语从句时，一定要考虑到汉语的表达习惯。如果英语的定语从句太长，无论是限制性的还是非限制性的，都不宜译成汉语中的定语，而应用其他方法处理。英语中单个词作定语时，除少数情况外，一般都放在中心词前面，而较长的定语如词组、介词短语、从句作定语时，则一般放在中心词后面。在了解英汉两种语言差异的基础上，以下探讨适合商务句子的翻译方法。

1. 前置法

前置法即在英译汉时把定语从句放到所修饰的先行词前面，可以用"的"来连接。既然定语从句的意义是作定语修饰语，那么在翻译的时候，通常把较短的定语从句译成带着"的"的前置定语，放在定语从句的先行词前面。在商务翻译实践中，人们发现前置法比较适合翻译结构和意义较为简单的限制性定语从句，而一些较短的具有描述性的非限制性定语从句也可采用前置法，但不如限制性定语从句使用得普遍。

2. 后置法

后置法即在英译汉时把定语从句放在所修饰的先行词后面，翻译为并列分句。英语的定语从句结构常常比较复杂，如果译成汉语时把它放在其修饰的先行词前面，会显得定语太复杂，而无法叙述清楚。这时，可以把定语从句放在先行词后面，译成并列分句，重复或者省略关系代词所代表的含义，有时还可以完全脱离主句而独立成句。

3. 融合法

融合法即把主句和定语从句融合成一个简单句，其中的定语从句译成单句中的谓语部分。由于限制性定语从句与主句关系较紧密，所以，融合法多用于翻译限制性定语从句，尤其是"there be"结构带有定语从句的句型。

4. 状译法

英语的定语从句与汉语中的定语还有一个不同的地方，即英语中有些定语从句和主句关系不密切，它从语法上看是修饰定语从句的先行词的，但限制作用不强，实际上是修饰主句的谓语或全句，起状语的作用。换言之，有些定语从句兼有状语从句的功能，在意义上与主句有状语关系，表明原因、结果、目的、让步、假设等关系。在这种情况下，需要灵活处理，在准确理解英语原文的基础上，弄清楚逻辑关系，然后把英语中的这些定语从句翻译成各种相应的分句。因此，应视情况将其翻译成相应的状语从句，从而更清晰明确地传达出原文中的逻辑关系。

由此可见，语言的表达是灵活的。英语中的定语从句应根据原文的文体风格、原文内容、上下文的内在逻辑关系灵活处理。在翻译一个句子，特别是当原作语言和译作语言在语法结构和语义结构上差异较大时，往往要经过一个解析、转换和重组的过程。理想的翻译结果是在重组的过程中，两种语言的信息能产生共同的语义结构，并达到概念等值，最终使译文的读者对译文信息的反应与原文的读者对原文信息的反应趋于一致。

（三）状语从句翻译

英语的状语从句在句中可以表示时间、地点、原因、条件、让步、方式、比较、目的和结果等意义。表示不同意义的状语从句在句中分别由不同的从属连词引导。英汉语言中状语从句位置不同。英语中状语从句一般处在宾语后的句尾，即主＋谓＋宾＋状，但有时也出现在句首，而汉语中状语的位置比较固定，汉语中状语往往位于主谓语的中间，即主＋状＋谓＋宾；或者为了表示强调，状语也常常位于主语之前。因此，人们在进行英译汉翻译时要遵循汉语的表达习惯，相应进行语序的调整，不能过分受制于原文的语序和结构。

二、英语句式翻译的技巧

在了解掌握了汉译英中词（组）的翻译方法之后，就要对句子进行翻译。要将汉语句子译成通顺、地道的英语句子，译者也往往需要采用适当的句子翻译技巧和方法，以妥善处理不同类型的句子，这些技巧和方法主要包括合句法、分句法和变序法等。

（一）将汉语复句紧凑翻译的合句法技巧

汉语各句子或分句之间主要凭借语义逻辑维系，而其语法逻辑关系似乎不甚清晰，句子结构在形式上比较松散。因此，把汉语句子翻译成英语时，需要先解析汉语复句的各句子，或是分句之间内在的逻辑关系，确定其主句和分句，再通过使用介词短语、从句等手段把它译成地道的英语句子。

例1：在保险期限内，被保险人应采取一切合理的预防措施，包括认真考虑并付诸实施本公司代表提出的合理的建议。由此产生的一切费用，均由被保险人承担。

译文：During the period of this insurance, the Insured shall at his own expense take all reasonable precautions, including paying sufficient attention to and putting into practice the reasonable recommendations of the Company.

第二个汉语句子在译成英语时作为一个介词短语融入了第一句中，这种处理使英语句子的译文更加简明扼要。

例2：地处人民广场的上海大剧院以其独有的建筑风格成为上海市的标志性建筑。它的存在使人民广场成为这座城市的政治和文化中心。

译文：With its unique style, the Shanghai Grand Theatre located at the Peopled Square has became a representative building in Shanghai, whose existence renders the People's Square the city's center of politics and culture.

英语译句中使用非限制性定语从句，把两个汉语句子合并为一句，使结构紧凑。

例3：他用积攒了好几年的零用钱买了一台数码摄像机。此后，他带着这台摄像机访问了全国各地的景点，拍摄了许多录像。

译文：With the pocket money（that）he had saved for quite a few years，he bought a digital video, with which he then visited various scenic spots throughout the country and shoot a lot of videos.

此例中，汉语复句通过"此后"，把前、后两句作时间上的连接。译成英语时，把第一个汉语连动句式，处理成偏正关系的"with...（that）... he bought..."、带定语从句的"介词短语＋主谓结构"；又把第二个汉语句子译成"with which"的"非限制性定语从句"，从而把汉语结构相对较为松散的复合句，译成英语一个主句带两个定语从句和一个介词短语的句式，使结构紧凑，逻辑层次分明。这就是合句译法的妙用。

例4：人的一生有多少意义，这有怎样的衡量标准吗？

译文：Is there any standard to evaluate the meaning of a person's life?

此例的汉语复句由两个分句松散地连接而成。翻译时只要稍加解析就不难发现，这里的"衡量标准"即指"衡量人一生有多少意义"的标准。故译成英语时用合句法把第一个汉语句子译成动词不定式短语，作后置定语修饰"standard"，从而把两句并列关系的汉语句子译成一句"偏正关系"的英语简单句，使结构紧凑，重点突出。

由此可见，译者的英语水平越高，就越有可能自如地通过介词短语、动词的非谓语形式（包括独立主格结构）、从句以及插入语等手段，把连接关系相当松散的汉语复句，译成语法逻辑关系清晰、结构层次分明的英语句式。这样既符合英语的表达习惯，又能有效表达句子的含义。

（二）将汉语长句有机拆译的分句法技巧

汉语的句子只要意思连贯，其形式往往呈松散铺排，并无太多语法逻辑的拘泥。汉语句子可以很长，且一个复句中有时可有多个主语。与此反之，英语则是结构分明、逻辑性很强的语言。有鉴于此，译者有时会发觉难以把一个汉语长句的全部内容浓缩于一个英语句子中。此时，译者需根据汉语原文的内在逻辑关系，对整个汉语长句进行划分，有机拆开，予以分译，译成两个或两个以上的英语复句。这种翻译方法就是"分句法"。

例1：东方明珠电视塔位于浦东的陆家嘴，电视塔与其东北面的杨浦大桥和西南面的南浦大桥共同构成了一幅"双龙戏珠"的画面，这整幅摄影的经典构图总在激发着人们的想象，全年吸引着数以千计的游客。

译文一：Located in Lujiazui in Pudong area, the Oriental Pearl TV tower, together with the Yangpu Bridge in the northeast and the Nanpu Bridge in the southwest, creates a picture of "twin dragons playing with pearls". The entire scene is a photographic jewel that always arouses the imagination and attracts thousands of visitors year-round. （译成两句）

译文二：The Oriental Pearl TV Tower is located in Lujiazui in Pudong area. The tower, surrounded by the Yangpu Bridge in the northeast and the Nanpu Bridge in the southwest, creates a picture of "twin dragons playing with a pearl". The entire scene is a photographic jewel that always arouses the imagination and attracts thousands of visitors year-round. （译成三句）

首先解析此汉语长句的内在语义逻辑关系，可以对此句进行如下划分。

显然，第一个分句讲述东方明珠电视塔的地理位置；第二个分句讲述它与环境构成"双龙戏珠"的画面，所以前两句为一层意思。而第三个分句则是讲述这幅经典画面对人产生的影响力；第四个分句具体说明其影响力，所以后两句为一层意思。

译成英语时可将汉语原文拆分为二至三个句子，分别翻译，条理清晰。

例2：表面上看来，管理者会不得不对一些文化群体比对另一些文化群体在守时方面更宽容一些，但是这种做法在城市文明中是站不住脚的，因为它将使人相信"这种文化的时间取向比西方的时间取向逊色"这一学术论调。

译文：On the surface, it might seem that a manager may have to be more tolerant about punctuality with some cultural groups than others.But this is unwarranted in an urban civilization.It would give credence to the academic literature that implies "the time orientation in such a culture is inferior to that in the West".

解析此句汉语长句的内在逻辑关系，可以对此句进行如下划分：

第一个分句与后两个分句之间存在着转折关系，而后两个分句之间则存在着并列关系。所以，可将该汉语句子拆译成三个英语句子。

例3：近年来，我国政治体制的改革与调整已经在进行之中，其中最为重要而且成就最为显著的就是政府职能的转变。

译文：The reform and adjustment of the political system of our country has been under way these years. The most significant and the most accomplished (reform and adjustment) is the shift of governmental functions.

该汉语句的前、后两个分句之间其实存在着"总、分"关系，故译成英语时，不妨将两层意思分译成两个英语句子。必须明确的是，使用"分句法"翻译的汉语句子并非都是长句。有些汉语句子虽然并不长，是一个句子，但却包含了两层甚至更多层的意思，此时也有必要把汉语句子拆开，予以分译。可看更多的例子：

例4：不，村庄并没有消失，现在的村庄比以往任何时候都更有活力。

译文：No, the village is not dead.It is now more vital than ever before.

该汉语句子前后分句之间呈"递进"关系，也可分译。

例5：他的花园里有一个漂亮的池塘，池塘上有一座桥，桥中央有一个亭子。

译文：There is a beautiful pond in his garden.Across the pond is a bridge with a pavilion in the middle.

该汉语句子的前后三句之间呈"追述"关系，用动词非谓语形式不妥，故可拆开分译为两句。

（三）按汉英表达顺序灵活翻译的变序法技巧

如前所述，汉语与英语的表达顺序不同。汉语中各分句的先后顺序往往是按照事件发生的时间先后，或先因后果，或先条件后结果，或先事实后结论等顺序来排列。与此反之，英语句子的排列顺序则相对要灵活得多。所以汉译英时，可按实际情况，或出于某种修辞手段之目的，有意识地改变原句中部分语法结构的语序，乃至全句和各分句之间的语序，以灵活表达原句之意，达到符合英语表述习惯之目的。"变序法"一般有下列情况：

第一，时间、地点、方式等状语的变序。汉语中往往把表示时间、地点、方式等的状语前置；而英语中状语的位置相对比较灵活，状语的位置可前可后。所以进行汉译英时，常常需要使用"变序法"。

第二，句子语态转换时的变序。"变序法"还常常涉及句子语态转换问题。众所周知，汉语中被动语态的使用频率不是很高，因为汉语常使用主动句式来表达被动含义。较之于汉语，英语中被动语态的使用频率就高得多，因为欧美人惯于使用被动句式以示客观。在科研论文写作中情况更是如此。此外，在不少情况下，汉语语法允许汉语句式为无主句。然而，译者在翻译汉语无主句时，一般可适当地补充句子主语，或可将句子译成被动句。

总而言之，由于汉语和英语在语法和表达习惯方面甚有差异，所以译者在把汉语词语译成符合英语语法，以及表述习惯的英语译文时，需要使用增词法、省略法、具体法、抽象法、词性转化法、视角转换法、结构调整法、归化法以及加注法等翻译技巧。在把句子和文章译成英语时，需要合理使用合句法、分句法、变序法等技巧，灵活处理句子结构，使句子表达符合欧美人的说话习惯，同时使句子逻辑清晰严密，突出主题思想。译者唯有掌握了上述技巧，凭借良好的英语语言基础包括句法和语法的概念，再加上丰富的英语词汇量，才能自如地进行难度较高的汉译英翻译活动。

第三节　英语翻译内容——语篇

句子是语法解析的理想单位，但在运用语言进行实际交往中，语言的基本单位则是语篇。语篇是由句子组建而成的，它是人们运用语言符号进行交往的意义单位，故可长可短。一部长篇小说是一个语篇，一个句子或短语，甚至一个词，都能构成语篇。因此，译者一定要把握好对语篇的翻译。

语篇是高于句子的语言层面，能够独立完成某种特定交际功能的语言单位。语篇是语言结构和翻译的最大单位。语篇可以对话形式出现，也可以独白形式出现；可以是众人随意交谈，也可以是挖空心思的诗作或精心布局的小说或故事。但是，需要注意的是，语篇并不一定就是一大段话，只要是表达了一个完整的意思，那么一个词语也可以称为语篇。

一、英语的英汉语篇结构

语篇结构是某一特定文化中组句成篇的特定方式，是一种约定俗成的、相对稳定的语言使用习惯，是文化因素在语言运用过程中长期积淀的结果。语篇是由段落组成的，段落是由句子组成的。语篇要求内容一致、意义连贯，要求用有效的手段将句子、句群、段落连成一个有机的整体。

与句子相比，篇章具有自己的特点。它不是一连串孤立句子的简单组合，而是一个语义上的整体。从语言形式上看，篇内各句、段之间存在着粘连性，如连接、替代、省略、照应；从语义逻辑上看，全篇通常有首有尾，各句段所反映的概念或命题具有连续性，而不是各不相关。每个句子都起着一定的承前启后的作用，句与句、段与段的排列一般都符合逻辑顺序。

（一）英语语篇的结构

英语语篇一般是由几个相互关联的段落组成的，每一段阐述一个要点。文章结构具有系统性、严密性的特点。一篇结构完整、脉络清晰的文章应具有三个主要的组成部分：引言段、正文和结尾段。

第一，引言段。引言段位于文章的开头，其最基本的作用是引导读者阅读文章的其余部分。引言在全篇文章中所占的比例较小，用于说明文章讨论的是哪些问题，将要谈哪些问题等。引言段一般包括两部分：概括性的阐述和文章主题的阐述。概括性的阐述是指引出文章的主题，简要提供有关主题的背景信息，以引起读者的注意，便于读者了解文章论题的由来，对文章的意图和意义产生兴趣。文章主题的阐述，就像段落的主题句一样，阐明文章的主题。它包含了正文具体论述扩充的内容，同时也表明作者的态度、意见、观点。与段落主题句相比，文章主题的阐述更为宽阔，它表达整篇文章的中心思想，并可能表明整篇文章的组织构思方法。文章主题阐述常位于引言段的结尾处。

第二，正文。文章的正文也称主体，是文章的核心，位于引言段之后。正文一般由一个或多个段落组成，在文中占较大篇幅。作者在正文的写作中围绕引言部分所提出的主题，选用相关细节和事实依据说明和解释主题并深化主题，使主题思想得到升华。主题一般由若干个次主题组成，每个段落阐述一个次主题，所以正文中段落的数目一般由次主题的数目决定。正文部分实际上就是通过对次主题的逐一论证达到对主题的论证的。正文部分的逻辑性，如正文内容的安排顺序和层序等，都是依据主题对各个次主题的统率，次主题对事实、数据、细节的统率体现出来的。

第三，结尾段。结尾段位于文章的末尾，是整篇文章不可缺少的组成部分，是要点总结。它总结归纳文章正文阐述的观点，并重申主题，与引言段首尾呼应。由于这是作者展示论点的最后机会，所以结尾段应该警策有力而又耐人寻味。

总而言之，英语语篇思维模式的特点是：先总括，后细节；先抽象，后具体；先综合，后解析。作者往往直截了当地声明论点，然后逐渐地、有层次地展开阐述，非常注重组织、注重理性，主从层次井然衔接，句子组织环环相扣。

（二）汉语语篇的结构

汉语语篇的思维模式既包括英语语篇的思维模式，又具有自己的独到之处。汉语语篇的思维模式是比较灵活的，其论点的提出取决于文章思路的安排，换言之，可根据文章的内容、性质和论证的方式与方法等因素在最恰当的地方提出论点。根据论点在文章中的位置，汉语语篇模式可分为文首点题、文中点题和文尾点题等。

二、语篇解析在英语翻译中的应用

语篇解析是美国语言学家哈里斯于 1952 年首先提出来的一个术语，后来被广泛用于社会语言学、语言哲学、语用学、符号学、语篇语言学等领域。自从翻译界将"语篇解析"这个语言学研究的成果运用到翻译学科，翻译界对"上下文"的认识有了一个飞跃，从感性上升到了理性，从经验上升到理论。掌握了"语篇解析"理论，译者就能将原文的词、句、段置于语篇的整体中去理解、去翻译。这样，译文的整体质量就有了很大的提高。语篇解析的基本内容包括衔接手段、连贯、影响语篇连贯的因素，其中对译者而言，最为重要的是衔接与连贯。

句子或句群不是杂乱无章地堆砌在一起构成段落与篇章，反之，它们总是依照话题之间的连贯性和话题展开的可能性有规律地从一个话题过渡到另一个话题的。篇章的存在要求其外在形式和内在逻辑，即衔接和连贯具有一致性。作为语言实体，段落与篇章在语义上必须是连贯的，而连贯性在很大程度上需要靠语内衔接来实现。连贯是首要的，衔接要为连贯服务。翻译工作者为了使译文准确、通顺，就必须处理好衔接与连贯的问题。在英译汉实践中，译者应该先吃透原文，了解作者怎样运用衔接手段来达到连贯目的，然后根据英汉两种语言在形式与逻辑表达上的差别通权达变。

（一）语篇的衔接

衔接是篇章语言学的重要术语，是语段、语篇的重要特征，也是语篇翻译中的一个重要环节。衔接的优劣，关系到话语题旨或信息是否被读者理解和接受。所谓语篇衔接，就是使用一定的语言手段，使一段话中各部分在语法或词汇方面有联系，使句与句之间在词法和句法上联系起来。句组中的各个句子之间、句组与句组之间需用不同的衔接手段来体现语篇结构上的黏着性和意义上的连贯性。语篇的衔接手段大体可分为词汇手段、语法手段两大类。

1. 词汇手段

语篇的连贯可以通过词汇衔接手段予以实现。英语词汇衔接关系可分为两类：同现关系和复现关系。此外，运用逻辑连接法也可实现语篇的连贯。

（1）词语之间的同现关系。同现关系指的是词语在语篇中同时出现的倾向性或可能性。一些属于同一个"词汇套"或同一个"词汇链"的词常常一起出现在语篇中，衔接上下文。例如，thirsty 一词，常会使人们联想到 drink、water、soda water、mineral water、tea、coffee、coke、beer 等词，这些词可能会在语篇中同时与 thirsty 一词出现。除了这种词之外，反义词也常用来构成词语之间的同现关系。反义词的两极之间可以存在不同程度或性质的词语，如在 hot 和 cold 之间尚有 warm、tepid、lukewarm、cool 等词。

（2）词语之间的复现关系。复现关系主要是通过反复使用关键词、同义词、近义词、上义词、下义词、概括词等手段体现的。词语的不同复现手段往往能显示不同的文体或风格特征。

（3）运用逻辑连接词。逻辑连接词指的是表示各种逻辑意义的词、短语或分句，包括五个方面：①表示句子之间（含句组之间）的时间关系的逻辑连接词；②表示句子之间的因果和推论关系（causal/resultive/inferential relation）的逻辑连接词，如 consequently、so、otherwise、then、hence、because、as a result、for this reason、in that case 等；③表示附加关系（additive relation）的逻辑连接词，如 by the way、in other words、for instance、likewise、similarly、and、or 等；④表示句子之间的转折和对比关系（adversative/contrastive relation）的逻辑连接词，如 however、but、yet、never the less、in fact、in any case、on the contrary 等；⑤表示位置（position）、方向（direction）和地点（location）等意义的逻辑连接词，如 over、here、there、under、above、down、up、nearby、further、beyond、beneath、adjacent to、close to、near to、next to、in front of、on top 等。

2. 语法手段

句子或句组之间的衔接可以通过语法手段予以实现。其中较为常见的语法手段有以下五个方面：

（1）动词的时、体变化。动词的时和体可以在句子中起到衔接的作用。

例1：The boy stopped running. He saw his mother.

译文：那个男孩停止跑动，他看到了他的母亲。

例2：The boy stopped running. He had seen his mother.

译文：那个男孩停止跑动，因为他看了他的母亲。

从动词的时、体变化角度可看出，例1中的两句之间，存在动作发生的时间顺序关系，而例2中的两句之间既存在着动作发生的时间顺序关系，又存在着因果关系。

（2）照应手段。照应指的是词语与其所指对象之间的关系。在语篇中，如果对于一个词语的解释不能从词语本身获得，而必须从该词语所指的对象中寻求答案，就产生了照应关系。因此，照应是一种语义关系，是表示语义关系的一种语法手段，也是帮助语篇实现其结构上的衔接和语义上的连贯的一种主要手段。照应关系可分为两种类型：语内照应和语外照应。语内照应又可分为两种情况：一种是"上指"（亦称"反指"），即用一个词或词组替代上文中提到的另一个词或词组；另一种情况是"下指"（亦称"预指"），即用一个词或短语来指下文中即将出现的另一个词、短语乃至句子。语外照应是指在语篇中找不到所指对象的照应关系。

（3）替代。替代是一种既可避免重复又能连接上下文的手段，指的是用代替形式来取代上文中的某一成分。替代是一种语法关系，与照应表达对等关系不同，它表达的是一种同类关系。在语篇中，替代形式的意义必须从所替代的成分那里去查找，因而替代是一种重要的衔接语篇的手段。替代可分为名词性替代、动词性替代和分句性替代等多种形式。与英语相比，汉语中替代手段使用的频率较低，汉语往往使用原词复现的方式来达到语篇的衔接与连贯。英语可以用代词 so、do、do the same 等替代形式来替代与上文重复的成分，形成衔接。但是汉语没有类似的替代形式，通常需要用词义重复来连接。因此，译者在翻译时应注意英语、汉语的不同表达习惯。

（4）省略。省略指的是把语言结构中的某个成分省去不提。句中的省略成分通常都可以从语境中找到，这样句与句之间就形成了连接关系。同替代一样，省略的使用也是为了避免重复，突出主要信息，衔接上下文。作为一种修辞方式，它符合语言使用的经济原则。省略可看作一种特殊的替代——零替代。省略是一种重要的语篇衔接手段。省略也可分为名词性省略、动词性省略和分句性省略。相比较而言，英语的省略现象比汉语要多一些。因为英语的省略多数伴随着形态或形式上的标记，不容易引起歧义。

（5）连接。连接是表示各种逻辑意义的连接手段，连接词又称"逻辑联系词"。连接词既可以是连词，也可以是具有连接意义的副词、介词及短语，还可以是分句。连接关系是通过连接词以及一些副词或词组实现的。连接词在语篇中具有专业化的衔接功能，表明了句子间的语义关系，甚至通过前句可从逻辑上预见后句的语义。通过使用各种连接词语，句子间的语义逻辑关系可以明确表示出来。

语篇中的连接成分是具有明确含义的词语。通过这类连接性词语，人们可以了解句子之间的语义联系，并且可以根据前句预见后续句的语义。英语的连接词语按其功能分为四种类型，即添加、递进，转折，因果，时序。这四种连接词的类型可分别由 and，but，so，then 这四个简单连词来表达，它们以简单的形态代表这四种关系。

（二）语篇的连贯

语篇既然是语义单位，那么能够称作"语篇"的语言实体必须在语义上是连贯的。语义连贯是构成话语的重要标志。衔接是通过词汇或语法手段使文脉贯通，而连贯是指以信息发出者和接收者双方共同了解的情景为基础，通过逻辑推理来达到语义的连贯。如果说衔接是篇章的有形网络，那么连贯则是篇章的无形网络。译者只有理解看似相互独立、实为相互照应的句内、句间或段间关系并加以充分表达，才能传达原作的题旨和功能。语篇中句子的排列如果违反逻辑就会对句与句之间语义的连贯产生影响。有时候，说话的前提以及发话者、受话者之间的共有知识，也会影响到语义的连贯。诗篇的连贯性主要取决于读者的联想和想象。

（三）衔接、连贯的相互联系

在进行英汉段落与篇章翻译时，语篇的"衔接"与"连贯"是必须考虑的两大要素。衔接是一个语义概念，它是存在于语篇中的，并使语篇得以存在的语言成分之间的语义关系。衔接是语言机制的一部分，它的作用在于运用照应、省略、替代、连接和词汇衔接等手段使各个语言成分成为整体。语篇衔接手段主要有语法衔接和词汇衔接。在语篇中，语法手段的使用可以起到连句成篇的作用。语篇衔接手段能使语篇结构紧密，逻辑清晰，更好地实现语义的连贯。

连贯是篇章体现为一个整体而不是一串不相关语句的程度。连贯对于篇章而言是一个有意义的整体，而非无意义堆砌的一种感觉。衔接是一种篇章的特点，连贯是一个读者对于篇章方面的评价。语篇的连贯性应该经受住对语句的语义连接及语用环境的逻辑推理，所以语篇连贯不仅包括语篇内部意义的衔接，还包括语篇与语境的衔接。连贯语篇的基本标准是其意义形成一个整体，并与语境相关联。

衔接是客观的，从理论上讲能够被轻易识别；而连贯是主观的，对篇章中连贯程度的评价因读者不同而不同。衔接的前提是思维的逻辑性、连贯性，而连贯是交际成功的重要保证。衔接是篇章的外在形式，连贯是篇章的内在逻辑联系。衔接是语篇的有形网络，是语篇表层结构形式之间的语义关系；连贯是语篇的无形网络，是语篇深层结构形式之间的语义或功能连接关系。

第四章 基于文化视角的大学英语翻译

第一节 文化对比视角下的英语翻译

一、色彩文化对比视角下的英语翻译

颜色词汇指的是固定的、对事物进行客观描述的颜色符号。由于中西方文化背景不同，英汉颜色词汇的文化内涵也不尽相同。在翻译英汉颜色词汇的过程中，译者可以采用直译法、转译法、增词法、省略法、解释性译法。

（一）色彩文化翻译的直译法

翻译英汉颜色词汇时，当颜色词表示基本的直观含义时，一般可以采取直译法进行处理。例：

Green tea 绿茶

Grey uniform 灰制服

White flag 白旗

Yellow brass 黄铜

Red rose 红玫瑰

Yellow fever 黄热病

Black list 黑名单

Green consumerism 绿色消费

Double-yellow-line 双黄线

Red Cross 红十字会

Blood red 血红

As red as a rose 红如玫瑰

（二）色彩文化翻译的转译法

英汉两种语言中有一些颜色词，其感知的色彩印象有所不同。源语与目的语都有其自身的表达方式，具有明显的文化差异。在翻译这类颜色词时，应首先了解其基本含义，在

此基础上，结合文化内涵，采用转译法进行翻译处理，也就是根据译入语的表达习惯改换颜色词进行翻译。例：

black tea 红茶

由于茶叶是黑色的，因此西方人称为 black tea，但是茶叶泡出的颜色为红色，因此应采取转译法，将 black tea 译为"红茶"。

类似的例子还有很多。例：

brown sugar 红糖

brown bread 黑面包

red sky 彩霞

black bamboo 紫竹

turn purple with rage 气得脸色发青

one's face turns green 脸色变白

（三）色彩文化翻译的增词法

在翻译过程中，如果源语中所表达的隐喻意义或象征意义难以在目的语中找到相对应的表达，译者可以采用增词法使作者的思想准确地传达出来。例：

make a good start 开门红

good luck 红运

white coffee 加奶咖啡

red-letter day 重要的日子

red tape 繁文缛节

（四）色彩文化翻译的省略法

在一些固定的搭配词组中，很多表示颜色的词汇不再含有色彩的意义，对这类颜色词进行翻译时可以采用省略法，即将原文的颜色词省略不译。例：

green power 有钱能使鬼推磨

green as grass（as）初出茅庐的、容易受骗的

go between 红娘

all round victory/success in every field 满堂红

（五）色彩文化翻译的解释性译法

在翻译一些具有文化内涵的颜色词时，可以采取解释性译法，从而使读者能更好地理解其文化背景。例：

Black Tuesday 黑色星期二

a red paper envelope containing money a gift, tip, or bonus 新年红包

综上所述，在翻译英汉颜色词汇时，译者不仅要考虑文化共性的相应性，更要注意文化个性的影响。在对颜色词进行准确理解的前提下，考虑其文化内涵，并关注原语颜色词的基本意义与文化引申义，选择恰当的翻译方法，提高翻译的质量。

二、数字文化对比视角下的英语翻译

英汉数字所承载的文化内涵体现出很大的差异，因此在翻译时，译者除了要了解数字的基本含义之外，还应准确地把握其文化含义，采取恰当的翻译方法。概括而言，英汉数字文化翻译主要可以采取下面一些翻译方法：直译翻译法、改写翻译法以及解释性翻译法。

（一）数字文化的直译翻译法

在英汉数字文化翻译中，直译翻译法是最简单、最省力的方法。直译翻译法即保留原文中的数字直接进行翻译的方法。例：

A drop in a ocean 沧海一粟

Reach the sky in one step 一步登天

（二）数字文化的改写翻译法

无论是英语还是汉语中，都有一些数字具有特定的文化背景或特定的语言表达习惯，在翻译这类数字时，可以采取改写法，使译入语读者更好地理解原文所表达的意义。在翻译英汉数字时，改写法主要包括以下三种情况：更换数字、减少数字、增添数字。

第一，更换数字。由于存在文化差异，英汉两种语言中的数字表达并不完全对应，这时可以根据具体情况转换原文的数字来进行翻译。例：

Think twice 三思后行

In threes and fours 三三两两

第二，减少数字。有时，在对英汉数字进行翻译时，可以采取省略法，即原文中的一些数字省略不翻译，以符合目的语的语言表达习惯。

第三，增添数字。在翻译过程中，有时可以在译文中增加一些数字，从而使译文表达更为形象、生动。

（三）数字文化的解释性翻译法

解释性翻译法多用于翻译英汉数字习语。具体而言，在翻译英汉数字习语时，应先将

字面意义翻译出来，然后添加注释予以说明，从而使原文的比喻形象得以保留，同时忠实地再现原文的含义。数字不仅用于计数，同时还蕴含着丰富的文化信息，形成了特有的数字文化现象。在英汉数字文化翻译时，译者对英汉语言与文化的了解与把握是准确传达数字含义的前提。

三、称谓文化对比视角下的英语翻译

（一）英汉称谓的差异

1. 英汉普通称谓差异

普通称谓是指那些常规使用的，不涉及年龄、工作、地位，数量较少的通常称谓。在英文中，一般的普通称谓有 Mr.、Mrs.、Miss.、Ms.、Madam、Lady 和 Sir。

（1）Mr. 可以与姓什么或整体姓名联合使用。是对无职位者或不了解职位者的称谓语，较为正式，非亲密用词。

（2）Mrs. 是对已婚女士的称呼，通常要与其丈夫姓什么和结婚后姓什么联合使用。

（3）Miss. 是对未婚女士的称呼，通常要与其姓什么联合使用，语气较为严谨，表现出的亲密程度一般。

（4）Ms. 是一个对女士的尊敬称呼，由 Mrs. 和 Miss. 两个词组合而来。Ms. 的由来与西方习惯重视隐私、对婚姻状况保密这一习俗有一定关系。因此，对于婚姻状况不明的女性可以用 Ms.。

（5）Madam 和 Sir 是对应的一组尊敬称呼，一般而言，广义上指公众场合男士、女士，常常不和姓氏连用，表现出的亲密程度一般。

（6）Lady 也是一个对女士的尊敬称呼，寓意高贵，意为"淑女""尊敬的夫人"。

在汉语中对应的称呼有：①阿姨是对与妈妈相仿女士的称呼。②太太、先生前面加上姓什么，直接称呼。③伯伯、大爷、大叔、大妈等是一种广泛称呼，来源于类比亲属。

2. 英汉头衔称谓差异

英汉语中皆可将职业地位如工作、职务和技术级别等作为称呼。英文中的地位称呼应用范围不多，仅有博士、医生、教授称呼，也有表达敬意的成分。这些称呼可以单用，也可以联合使用。

汉语中的头衔称呼相对就更复杂。在汉语中，大多数工作、技术级别和职务等，不论其高低都可直接作为称呼，不附加其他，也可与姓连用，如钱区长、王主任、孙会计、张医生、李护士、周老师等。

3. 英汉拟亲属称谓差异

类比亲属称呼是亲属称呼词的变种，经亲属称呼语演化而来。类比亲属称呼的作用是表达对被称呼人的敬意。汉语中常采用类比亲属称呼，在英文中不常用。

在汉语中，常常把和自己长辈岁数相仿的人，称为大爷、奶奶、大妈、大娘、大伯、伯母、阿姨、叔叔等。这些称呼有几个关键的词：如爷、奶、伯、姨、妈、娘、伯母、叔、婶等。例：

（1）"爷"用于尊称爷爷辈和年纪与爷爷相仿的男士，如大爷、王大爷、李爷爷。

（2）"奶"用于尊称奶奶辈且年纪和奶奶相仿的已婚女士，如奶奶、老奶奶、王奶奶。"伯"用于敬称父亲辈且年纪比父亲大的男士，如伯伯、张伯伯。

（3）"娘"用于敬称妈妈辈且年纪和妈妈相当的已婚女性，如大娘、赵大娘。"伯母"用于敬称母亲辈且年纪与母亲相当的已婚女性。

（4）"叔"用于敬称爸爸辈且年纪比爸爸小的男性，如叔叔、李叔叔。"婶"用于敬称母亲辈且年纪相对母亲比较小的已婚女性，如大婶（儿）、李婶（儿）。此外，对同辈人之间也有拟兄弟姐妹的称呼。例如，对非亲属关系的中年男子可称"大哥""老兄""兄弟""老弟"，对非亲属关系的同龄成年女士可称"大嫂""大姐""妹妹"。

4. 亲属称谓文化的对比

英文亲戚称呼很简单、不精确，汉语亲属称呼则相当精确、详尽。按类划分，英语称呼系统为类分型，汉语亲属称呼系统属于叙述式。英语亲属称呼系统简单而粗疏，所以属于类分式称呼系统。类分式称呼系统是以家庭地位来对家庭成员进行类别区分。

由此可见，妈爸、弟兄姐妹、儿女、爷奶、孙子、孙女辈分上称呼都具体化了，其他亲戚无具体精准称呼。例如，在妈爸辈中，爸爸用 father，妈妈 mother，对父母弟兄姐妹则一律为 cousin。另外，英语中同辈亲戚称呼无大小之分，如 brother 既可以为"兄长"，又能为"小弟"；uncle 既能为"伯伯"，又能为"叔叔"等。由此可见，英语亲戚称呼系统不会区分妈妈或爸爸方面，而仅区分辈分关系。因此，英语中仅仅有 13 个亲戚称呼名和个别形容词。

汉语亲戚称呼系统详尽而全面，属于叙述式系统。其构造层次依据为上古传承的"九族五服制"，既含有由血缘关系产生的亲属群体，也含有由婚姻关系产生的配偶亲属群体。因此，汉语中的亲属称谓详尽且精确，可以判别直系亲戚和其他系亲戚、妈妈方面和爸爸方面亲戚，也能区分年龄大小。

（1）血亲姻亲差异。英语亲戚称呼系统在结婚和血缘亲戚称呼之间无明确界限，如英文中爸爸的弟兄、妈妈的弟兄皆可用 uncle 一词来表达。汉语言中遗留了封建社会的痕迹，中华民族尤其重视血缘亲戚裙带。如叔叔（血缘亲戚称呼）、妹妹（血缘亲戚称呼）、姐夫（婚姻亲戚称呼）、弟媳（婚姻亲戚称呼）、哥哥（血缘亲戚称呼）、姑父（婚姻亲戚称呼）等尊称方式不同。西方人以自由和平为目标，西方家庭的亲戚都是平等的，互相沟通也很自然。因而英语中的亲戚亲属称呼一般和姓氏连在一起。

汉语则截然不同，中国自古以来就有敬重长辈的传统品格，自然表现在称呼上也是用尊称来表示尊重。如中国人称呼亲戚中的长辈时使用敬称，对不具有亲属关系的长辈时，采用亲戚称呼来敬称，如王大爷、张阿姨等。

（2）宗族观念差异。英汉称呼蕴含一定宗族概念，具体表现为英语称呼中的宗族观念较弱，汉语称呼中的宗族观念较强。西方人追求个性解放，所以宗族观念不太明显。这一特点在亲属称呼中体现得尤为明显。英语中的 uncle、aunt、cousin 不能表示长幼顺序，这种模糊的表达说明西方人对宗族关系看得没有中国人那么重。

汉语中有很强的宗族观念，并且这种观念常与姓氏相联系。例如，伯叔与姑母属于爸爸方面亲戚，舅舅与姨母则属于妈妈方面亲戚，因而伯叔的子女则加上"堂"，表示其同称呼者"我"属同一宗族姓氏，姑母的子女和舅舅、姨母的子女则加上"表"，表示其同称呼者"我"的姓不同，不属于一个宗族。汉语亲戚称呼能明确体现出称呼与被称呼者之间的关系，而英语中的 uncle、cousin、aunt 等则不能表达得这么准确。

（3）长幼辈分差异。英语亲属称谓语仅有表示祖孙三代的词语与汉语的相对应，即 grandfather、grandmother、father、mother、son、daughter、grandson、granddaughter。而在表达祖父的爸爸或孙子的儿子时，就要加上形容词 great，或将 great 与 grand 叠加使用，如 great-grand-father。一般而言，英语亲戚称呼的长幼之分都很不明确，不会像汉语加上数字排行的称呼。

中华民族的亲戚称呼是相当精确的，会因辈分的差异而迥异。现代亲戚称呼中的 23 个核心称呼是子、女、兄、弟、母、父、夫、妻、姐、妹、嫂、媳、祖、孙、姨、侄、甥、岳、婿、伯、叔、姑、舅，并且都有辈分含义。另外，中国人长辈和晚辈之间的称呼也是很仔细的，长辈可以直接呼叫晚辈的名字，而晚辈则不能这样做。另外，即使是同辈的亲戚，互相之间的称呼也会因年龄大小而迥异。如，古代媳妇称丈夫的哥哥"兄公"，叫丈夫的小弟为"叔"，叫丈夫的姐姐为"女公"，叫丈夫的小妹为"女叔"。

（二）英语称谓文化的翻译

1. 亲属称谓的翻译

（1）父母辈称谓翻译。对英汉语言中父母辈称谓可以直接进行翻译。

例：当下贾母逐一指与黛玉："这是大舅母；这是二舅母……"

（曹雪芹《红楼梦》）

译文："This' she said you're your elder uncle's wife.This is your second uncle's wife…"

（2）子女辈称谓翻译。在翻译英汉语言中子女辈称谓时，可以采用字面翻译法。

例：一日到了都中，进入神京，雨村先整了衣冠，带了小童，拿着宗侄的名帖，至荣府的门前投了。彼时贾政已看了妹丈之书，急忙请人相会。

（曹雪芹《红楼梦》）

译文：In due course they reached the capital and entered the city. You can spruced himself up and went with his paces to the gate of Rong Mansion, where he handed in his visiting card on which he had styled himself Jia Zheng's "nephew".

（3）兄弟辈称谓翻译。

例：黛玉虽不识，也曾听母亲说过，大舅贾赦之子贾琏，娶的就是二舅母王氏之内侄女，自幼假充男儿教养的，学名王熙凤。黛玉忙赔笑见礼，以"嫂"呼之。

（曹雪芹《红楼梦》）

译文：Though Daiyu had never mether, she knew from her mother that Jia Lian, the son of her first uncle Jia She, had married the niece of the Lady Wang, her second uncle's wife. She had been educated like a boy and given the school-room name Xifeng. Daiyu lost no time in greeting her with a smile as "cousin".

（4）孙子孙女辈称谓翻译。英汉语言中的孙子孙女辈称谓也能采用字面翻译的方法进行翻译。

例：逢年过节，孙子、外孙、孙女儿、外孙女儿们都来看望她，好不热闹！

译文：During festivals, grandsons and granddaughters come to see her. How lively it is!

2.社交称谓的翻译

（1）对等翻译。翻译英汉语言中社交称谓时最常用的方法就是对等翻译。

例：方博士是我世侄，我自小看他长大，知道他爱讲笑话。今天天气很热，所以他有意讲些幽默的话。

（钱锺书《围城》）

译文：Dr.Fang is the son of an old friend of mine. I watched him grow up and I know how much he enjoys telling jokes. It is very hot today, so he has intentionally made his lecture humorous.

（2）改写翻译。英汉语言中的社交称谓可能是不对应的或不对等的，因此，译者要进行改写，方便让更多的目的语读者理解和接受。

例：刘东方的妹妹是汪处厚的拜门学生，也不时到师母家来谈谈。

（钱锺书《围城》）

译 文：Liu Tungfang's sister, a former students of Wang Chuhou, also dropped in somethings to see her alling her "Teacher's wife".

原文中的"母家"在英语中没有与之对应的词语，译者根据上下文的内容得出"母家"是指师母，也就是老师的妻子，最终将其译为 Teacher's wife。这样，不仅清楚地传达原文的含义，还贴切地体现出师母与学生之间的关系。

第二节　文化传递视角下的英语翻译

一、翻译过程中文化内涵信息的传递

从语言学的角度对信息的定义是 "A process of interaction between what is already known or predictable and what is new or unpredictable." 语言学所说的信息，指的是以语言为载体所传输的消息内容，称为话语信息。就翻译实践研究而言，译者所关心的核心问题是翻译活动中的实际问题，讨论的具体内容应该从翻译实际出发，考虑译者在平时的翻译活动中会遇到什么问题和困难以及如何解决它们。换言之，译者在这里所关注的是翻译的实践操作过程，是译者应当怎样通过原语获取信息和如何利用译语传递信息的过程。那么，这里所说的信息，就是指译者在从事翻译实践活动的过程中，以两种语言为载体解读和传递所有内容，如消息、思想、观点、情感等。

就翻译而言，信息的传递涉及两种文化传统背景不同的语言及其语言使用者，其复杂性远远超过了一种语言之内的信息传递。从形式上看，翻译是一种语际转换活动，而实质上它是借助语言这个信息载体的转换而进行的跨文化信息传递活动。译者的工作对象，是具有不同文化传统背景的两种语言及其使用者。故此，这里所说的跨文化信息传递活动，就是指译者在翻译的过程中，通过原语解读作者承载于原文的各种信息，并通过译语把原文所承载的各种信息传递给译文读者，也就是译者借助两种语言作为信息载体，把原语作者明确表达的和隐含其中的消息、思想、观点、情感等各种信息传递给译语读者。这个活动涉及三个主体，即原语作者、原语读者／译者、译语读者（这里的原语作者、原语读者／译者、译语读者也分别指原语说话人、原语受话人／译者、译语受话人）。

第一，原语作者作为信息传递者，将自己头脑中产生的信息，以符合原语文化传统规约的表达模式寄载于原语文字；第二，译者作为特殊的原语读者，即信息接收者，通过原语载体获取原语作者传递的信息；第三，译者作为信息传递者，将其获取的信息以符合译语文化传统规约的表达模式寄载于译语文字；第四，译语读者通过译语载体获取原语作者意欲传递的信息。翻译活动始终是围绕着跨文化信息传递这个中心来进行的。因此，可以认为翻译是把一种语言所承载的信息用另一种语言尽可能准确而恰当地表达出来的跨文化

信息传递活动，其本质是跨文化信息传递。

就英汉之间的翻译来说，英语和汉语反映着不同的文化，即各自在历史发展中形成了全社会共有的社会结构、生活方式、民俗、传统观念及文学艺术。我国民族文化和英美文化之间，由民族历史、社会制度、生活方式以及地理环境的差别形成的文化差异是很大的。表现在语言上，无论是词语的理解与运用，还是表达习惯都有差异，英汉语中有时也采用截然不同甚至相反的语言形式来表达同一事物，例如，中国人出于礼貌请对方先走、先吃或是先做某事时常说"您先请"，与此相反，英语里的习惯用法却是"after you"。在英汉互译的过程中，如果能抓住原语背后的文化信息，并在目的语言中用读者可以理解的表达方式传递出原文的文化信息，那么翻译用来交流文化的目的便达到了。

在翻译这个跨文化信息传递活动的过程中，活动的主体是信息传递者和信息接收者（原语作者、原语读者／译者、译语读者），传递的内容是信息，传递信息的载体是两种语言，即原语文字和译语文字。虽然翻译活动的过程的确需要涉及两种语言，需要涉及从一种语言文字到另一种语言文字的转换，但这只是翻译这种跨文化信息传递活动在形式上的体现。

翻译活动的核心是信息传递，其涉及的两种语言只是用来传递信息的载体，而具体的原语文字表现形式和译语文字表现形式二者之间没有直接的对应关系。两种语言文字表现形式的异同是相对的，翻译的跨文化信息传递本质是绝对的。译者是跨文化信息传递者，其所从事的活动绝对不是简单、机械的两种语言文字的对应转换。例如，把"Matt Parkman, who was the youngest son of Mr. Parkman and had succeeded him as the boss two months ago, acted a lot older than his years."译为："马特是帕克曼先生最小的儿子，两个月前接替其父做了老板。别看他年纪轻轻，处事却相当老练。"这个译例比较简单，但它能体现出翻译的信息传递本质，体现出两种语言的具体文字表现形式之间没有直接的对应关系。如果把这个译例的英语原文与汉语文放在一起来对比，就不难看出译者所从事的活动绝对不是简单、机械的语言文字对应转换，而是通过原语文字表现形式获取原文作者意欲表达的信息，并通过译语文字表现形式把信息传递给译文读者。

译者在翻译时，没有必要，也不可能直接对应着原文一词一句转换过来。译者在平时的翻译实践活动中面对的是各种各样的文本，这些文本的文字表现形式往往要比例句复杂。译者必须明确翻译活动的性质，不能把翻译活动简单地理解为两种语言文字本身的对应转换。除了原语作者刻意通过某种直观的方式（如音、形、结构等），赋予某一文字表现形式本身某种信息元素的特殊情况之外，作者具体使用了怎样的文字表现形式本身并不重要，重要的是这些表现形式承载了什么信息，译者应当如何将这些信息以比较恰当的译语文字，尽可能充分、准确地传递给译文读者。

在翻译的操作过程中，译者应当仔细、充分地解读原文承载的各种信息，认真思考、斟酌如何将这些信息以比较恰当的译语文字表现形式，尽可能准确地传递给译文读者。其中所谓的各种信息，当然也包括语言风格和修辞特点这些信息。一般来说原语作者使用的具体文字表现形式本身并不重要，指的是其所采用的词语、形式结构、修辞方法等本身。在翻译实践操作过程中，原文中用了一个名词，在译文中就不一定（往往也不能够）也用一个名词，而可能会用动词、形容词，甚至是副词；原文中用了一个字，在译文中就可能会（往往也需要）用好几个字；原文中用了一个词或短语，在译文中完全有可能（有时是必须）用一个小句；原文中用了一个定语从句，在译文中就需要视具体情况（实际上是多数情况）用一个表示并列、因果、让步、目的、条件等关系的分句；等等。反之亦然。这样做的目的，就是要尽可能使用符合译语文化规约的各种文字表现形式，比较准确而恰当地把原文承载的各种信息传递给译语读者，其中当然也包括风格信息和修辞信息。

二、影响英语翻译中文化传递的要素

翻译作为一种语际交流，它不仅是语言之间的转换过程，同时也是文化的传递和移植过程，作为语言之间的转换，对从事翻译的人而言，不会是件很难的事；然而，作为文化的传递和移植，却绝非易事，影响英语翻译中文化传递的要素具体如下：

（一）扎实的语言能力与深厚的文化功底

"语言是音义结合的符号系统，是人类思维和体现思维的工具，是文化的载体，也是人类最重要的交际工具和传播媒介"。而翻译是两种语言的转换，可以说翻译与语言的关系比与其他任何学科都更为普通、牢固和密切。离开了语言，翻译只能是"空中楼阁"。例如，"to separate the wheat from the chaff"这一短语，假如不明白组成这一短语的每个词的意思，就无法理解整个短语的意思。因此，翻译者必须具备过硬的语言功夫，要努力成为"双语者"。既然翻译涉及两种语言，而翻译的实质又是文化的传递，因此，仅成为"双语者"是不够的，还要成为一个"双文化者"。因为，文化包含着语言，并影响着语言。而语言又是文化的一个主要组成部分，是保存文化、交流文化和反映文化不可或缺的工具。所以，语言是文化的语言。

众所周知，各民族的文化是在自己特定的历史条件下形成的，除了有共性之外，更多的却是个性，这就是不能询问英美人年龄等多种问题的原因。当然，个性的形成是由各民族所处的生态环境、物质文化环境、社会文化环境等不完全相同造成的，但文化的个性充斥社会生活的各个方面是毋庸置疑的。如果不懂得英语国家的文化，我们就难以明白为何他们见面时，互相问候总是说"Isn't a great day today?""How nice the weather is today!"之类的话。他们也总是对我们的"你吃饭了吗""你到哪里去"等问候语表示反感。对诸如此类的文化现象如果不彻底了解，翻译时就会犯极为可笑的错误。

（二）理解语言只是文化的重要组成部分

虽然语言和文化，语言和翻译有着极为密切的关系，但却不能把它们等同起来。语言只是文化的有机载体和媒介；翻译也不仅仅是翻译语言层面，而是要通过语言这一载体和媒介去把语言所体现的文化内涵揭示出来。如"不到长城非好汉"，在我们汉文中表示"不达目的誓不罢休"之意。译文为"He who doesn't reach the Great Wall isn't a true man"，对于不了解中国文化的外国人，这只能算是字面上的语言转换，根本没有译出汉文化中的特殊含义。但是，对有一定中国文化的外国人来说，那又另当别论了，但毕竟有一个前提——需要了解有关的文化。这种大量的非语言因素就是隐藏在语言后面的文化现象，因此，翻译就是要透过语言去把握语言所体现的文化底蕴。

三、传递文化信息的英语翻译方法

为了传递文化信息，翻译中一般有两个策略，即以美国翻译理论家韦努蒂为代表的"异化策略"和以奈达为代表的"归化策略"。"异化策略"坚持译文应以原语或原文作者作为考虑的出发点，"归化策略"则坚持译文要以目的语或译文读者作为考虑的出发点。本书认为，为了更好地传递文化信息，英汉互译中可以根据不同的情况采取相应的策略。

第一，当词语的联想意义不同时，翻译时通常采用归化，用目的语语言文化中的习惯表达来转换原语，以利于译语读者的理解。如"健壮如牛"常译为"as strong as a horse"。但为保留原语文化色彩，有时仍可以采用异化的方法，只是须用上增译，以便于译文读者真正感受到异域文化的魅力。

第二，当英汉两种语言中存在含义相近的表达，但包含不同的文化特征时，不能归化。因为这样的翻译会损害翻译所担负的文化传播功能，减损甚至扭曲原语包含的文化信息。

第三，当文化含义具有共性时，可以归化。如"snowy winter, a plentiful harvest" "When the wine enters, out goes the truth" 可以采用归化处理，分别译为"瑞雪兆丰年""酒后吐真言"。这种文化信息是人类的共同经验，不存在文化鸿沟。

第四，直译。直译是将原语中的文化信息按字面意义直接译为目的语。随着社会的发展、科技的现代化，人们之间的文化交流空前频繁。文化领域呈现出隔阂减少、融会贯通的趋势。以"龙"为例，"龙"在西方是指"长有双翅，会吐火的怪兽"，它的喻义是指"凶恶的人"。而在中国，从某种意义上说中国是龙的国度，作为中华民族图腾的龙以及代表它的符号可以说是无处不在。"龙"随着中国对外开放，"龙"的形象和它的文化含义被越来越多的外国人所熟悉。以前人们对"望子成龙"的翻译，多避开 dragon 一词，如"to long to see one's son succeed in life"或者"to hope one's children will have a bright future"，这些翻译都具有一个特点，那就是形至而神不至。现在可以译成"to long to see one's son become a dragon"。对于西方人来说，在与中国文化有关的语境中，看到 dragon 一词就会想到"a person with great power"。

第五，用目的语的文化替代原语文化，由于人们所生存的客观世界是相似的，对许多的事物具有相同的概念认识，只是表达的方式不同；换言之，在不同的语言中，有不同的语言形式来表达同一个事物或概念。例如，英语中"kill two birds with one stone"和汉语的"一箭双雕"所用的喻体不同，但表达的含义是相同的，都表示"一举两得"的意思。在这种情况下，可用目的语的文化替代原语中的文化，更能准确地传达原文的意义。

第六，直译加注。此方法在论及翻译方法的专著中很少提及，或未将其作为一种独立的方法列举出来。为使文化内涵词由原语进入译入语，并保持音、形、义、美的和谐统一，"直译＋注解（释）"不失为一种比较理想的方法。例如把"O heart, lose not thy nature; let nit ever. The soul of Nero enter this firm bosom."译为"心啊！不要失去你的天性之情，永远不要让尼禄的灵魂潜入我这坚定的胸怀"。（朱生豪译《哈姆雷特》）。为了使目的语读者能了解西方的文化，译者在译文中保留原文的字面意义的同时，用脚注的形式对其加以诠释，即"尼禄，曾谋杀其母"。这一注解诠释了该典故的由来，可谓言简意赅，目的语读者通过此注的提示，再根据原文的语境，便可以理解莎士比亚在此用 Nero 一词的含义，将哈姆雷特既恨其母忘恩负义，却又不愿弑之的矛盾心理刻画得入木三分。

第七，直译法加意译法。由于文化上的差异，采用直译法让读者费解的情况也在所难免。为了更明确地表达原意，又同时传递原文化信息，直译译出文化，意译译出文化所包含的意义，可谓"完美"的结合。例如，把"这对年轻的夫妇并不相配，一个是西施，一个是张飞"译为"The young couple is not well matched, one is a Xishi—a famous Chinese beauty, while the other is a Zhangfei—a well known ill-tempered brute"。这些人名虽然在中国家喻户晓，译文读者却有所不知。翻译时加上必要的意译，就可以达到一举两得的效果，既让人领会了意思又传递了文化。

总而言之，翻译不仅是语言间的转换过程，也是文化信息的传递过程。东西方文化的差异，决定了翻译所承担的任务。翻译就是文化信息的使者，起着文化信息的传递作用。作为译者，承担着传递文化，促进中外交流的使命，应掌握扎实的文化背景知识，要有文化意识感和使命感。翻译是各民族之间文化交流的需要，不翻译就很难沟通，同样不准确、不忠实地翻译就无法促进交流。因此，译者应从翻译的目的和任务出发，架起中外交流的桥梁，输送文化信息，乃至促进各民族文化的交流与繁荣。

第三节 文化功能视角下的英语翻译

一、文化功能视角下的商务英语翻译

（一）商务英语的构成和特点

1. 商务英语的构成

"商务英语写作是国际商务、国际贸易、国际金融、国际营销、专门用途英语、商务英语等专业的一门语言技能课程"[①]。同时，它也是英语的一个重要分支，其用英文可以翻译成"Business English"。简单而言，商务英语主要指的是用于世界各国的商务活动中的英语。由此可见，英语一旦与商务活动相联系，那么就会涉及商务英语这一形式。一开始，商务英语的内涵和应用都比较狭窄，只是应用于外贸贸易。也正是因为如此，商务英语有了另外一个名称，即外贸英语。在全球化进程的推动下，商务英语的内涵逐渐丰富，外延逐渐拓宽，同时，其应用也十分广泛，例如，商务英语已经涉及经济、文化、科技、教育等诸多领域。

从商务英语的内涵可以看出，商务英语主要由商务活动和英语两大方面组成。商务英语主要以英语为传播媒介来传播与商务活动相关的一些内容。因此，商务英语具有普通英语所不具有的特色——商务特色。除此之外，还需要指出的是，商务英语虽然由商务活动和英语共同组成，但并不是两者的简单叠加，而是商务活动与英语的相互作用、相互促进、相互融合的产物。

不管是商务英语交际还是其他形式的语言交际都离不开一定的语言环境。语言环境是各种形式语言交际的前提。在商务语言环境中，商务话语发挥着至关重要的作用。商务话语，简单而言，就是在商务活动之中使用的话语，人们在商务活动中广泛应用语言，于是就产生了商务话语。由此可见，商务活动与语言之间本身就存在着密切的联系。语言的使用在很大程度上影响着商务活动的顺利进行，而商务活动的开展也在一定程度上影响着语言的使用特点。因此，从事商务活动的人必须根据商务活动的特点选择恰当的语言表达。除此之外，还要明确商务英语的实用性、专业性、针对性等特点，并根据这些特点来进行准确的、规范的商务交流与沟通。

对于国际商务活动而言，其涉及范围、内容、领域都比较广泛，再加上其必须符合客

[①] 朱玲意.论商务英语的写作 [J].西部皮革，2016，38（2）：281.

观性、现实性的需求，所以商务英语必须具有十分丰富的专业术语、专业词汇、专业短语等，只有这样才能保证国际商务活动的顺利进行。并且，商务英语中包含的各种语言信息都与商务活动密切相关，因此，从事商务活动的人必须采用准确、得体的商务用语，否则就会阻碍商务活动的开展。另外，需要说明的一点是，在商务活动中，从事商务的人仅仅具备商务词汇是远远不够的，要想灵活、自如地应用商务活动中的各种问题，其还必须掌握职业套语、专业术语、商务表达、语言转换等知识。

总而言之，商务英语是英语发展的产物，它是英语的一种重要变体。同时，商务英语同旅游英语、科技英语、法律英语等都属于专门用途英语的范畴，它们之间还存在一些共同点，其最大的共同之处，就是同属于英语的范畴，具有英语基本语言基础和语言学特征。商务英语尽管是英语的产物，但由于自身的商务属性，它又形成了自身独有的特色——商务特色。另外，商务英语的主要应用环境是商务环境，它是中国与世界各国进行商务交流和商务往来的重要语言工具，商务英语包含的内容非常丰富，既包含一些基础的英语语言知识与理论知识，也包含一些专业的翻译知识，还包含表达方式、人际关系等方面的内容。因此，从商务英语的语言结构来看，商务英语涉及很多的专业术语、专业词汇、职业套语等，同时商务英语中还有很多的委婉语，这些委婉语在商务活动中可以应用于不同的场合和对象。除此之外，商务英语无论是以口语的形式出现还是以书面语的形式出现，使用者都必须注意商务英语语言的准确性、表达的得体性以及使用场合的合适性。

通过对商务英语的概念进行解析，可以知道，商务英语具有十分广泛的内涵和外延，它是商务活动顺利进行的基础，并在国际商务活动交流与合作中发挥着重要的作用。尤其是随着中国综合国力的提升，中国在国际上进行的商务活动越来越多，商务英语越来越受到重视。商务英语涉及很多的范畴，例如，语言知识、专业知识、文化知识、交际技能、管理技能等都属于商务英语的范畴。

商务英语最为重要的用途就是交际。从事商务活动人必须具有很强的交际能力，这种能力是建立在优秀的语言能力基础上的，当然，只具有语言能力的人是不能顺利进行交际的。交际能力涉及的范畴很广泛，它不仅包括交际者理解和掌握了这一语言的形式，还包括交际者懂得在具体场合、面对不同的交际对象应该采用怎样的交际方式和交际语言，即根据不同的场合和对象使用不同的语言形式进行交际的能力。随着研究者对交际能力研究的不断深入，研究者对交际能力的理解已经趋于一致，即交际能力具体涉及五个方面的能力，即听力能力、口语能力、阅读能力、写作能力、社会能力。同时交际能力强调一定的得体性和达意性。在实践性方面，商务英语注重良好的实践交际能力。

就商务英语研究而言，商务背景也是其研究的重点。在特定的商务活动环境中，商务交际者的交际技能和语言技能都受商务背景内容的影响和制约。商务交际技能，就是在商务活动中商务交际者必须具备的一种技能。这种交际技能不仅涉及语言层面，还涉及非语言的层面。在具体的商务活动中，因商务活动的独特性决定了语言的使用并不是随意的，它的使用与商务背景的具体内容以及商务交际者的交际技能有着紧密的关系。同时，在不同的商务活动中，有着不同的商务交际内容，自然其商务交际词汇也有所不同。众所周知，商务交际词汇在不同的商务背景专业背景中以及在不同的上下文语境中有着不同的内涵和意义。如果商务交际者不理解专业词汇的具体内涵和意义，不关注词汇所在的上下文语言，那么他很难顺利进行商务交际和商务翻译活动。在交际实践过程中，具体的交际技能决定了交际者将使用怎样的句型结构、说话语调以及说话节奏等。

近年来，随着商务英语的不断发展，商务英语翻译也受到人们的广泛关注。商务英语翻译是一个复杂的工程，译者要想翻译出精品佳作，就必须了解商务英语的语言特点、表达方式、背景知识、专业术语等内容。同时，译者在翻译的过程中，应该准确理解原文，在忠实原文内容的基础上，尽可能地将原文作者的思想、意图以及原文的内容准确地表达出来。商务英语由于其商务特性，所以它有着很多的专业术语、专业词汇。这些也是译者必须了解和掌握的。

还需要指出的一点是，一些比较简单且被人们所熟悉的词汇、短语，由于商务英语的特殊性，这些词汇或短语在商务英语中会有着特殊的内涵和意义。通常情况下，专业的背景知识信息决定着译者对翻译词汇的选择。译者要想准确地完成翻译任务，就必须掌握两种语言转换的理论知识，还要掌握商务英语所涉及的专业词汇、专业术语、专业表达。译者在进行具体的商务英语翻译时，一定要利用专业知识，然后结合自己的翻译经验对其进行准确翻译。如果在翻译的过程中，遇到了一些陌生的商务英语专业词汇、术语或短语，译者必须借助工具或请教他人，一定不能简单地取其表面意思进行翻译。

无论是在商务活动中，还是在商务英语翻译活动中，从事商务活动的人除了具有相应的语言基础，还应该具有很强的跨文化意识和跨文化交际能力。商务英语翻译的过程不仅重视两种商务语言相互转换的过程，还涉及两种商务语言背后的文化之间的交流。因此，从事商务活动的人必须在理解相关商务语言的基础上，了解和掌握商务交际双方的风俗习惯、思维方式、表达方式等商务文化。只有在重视语言的基础上重视文化的掌握，才能保证商务英语跨文化交际顺利进行。

另外，参与商务活动的双方可能是不熟悉的，甚至是互不相识的，面对这种情况，如果不够了解对方的文化背景及其他信息，就极有可能出现交际失误。身处不同文化背景、使用不同语言的交际者需采用能够让来自不同地区、不同文化背景的人接受的行事方式。另外，翻译是一个复杂的过程，也是一项比较困难的任务。究其原因，主要是因为翻译不仅涉及两种不同的语言，还涉及两种或多种不同的文化。译者在翻译过程中不仅要掌握两种语言之间的转换，还要了解交际双方在思维观念、风俗习惯、表达方式等的文化内涵。这是对译者双语功底、双语文化甚至多元文化的综合考查。基于此，译者必须具有扎实的双语知识，还要熟悉交际双方的文化知识及表达，只有这样才能在国际商务活动以及跨文化交流活动中出色地完成翻译任务。

2. 商务英语的特点

商务英语源自普通英语，实际上，它是对普通英语的一种延伸，也是普通英语的一种功能变体。因此，商务英语涉及的范围非常广泛，除了基础的英语知识，如语音知识、词汇知识、语法知识、修辞知识、语篇知识、交际知识等，还涉及商务方面的知识，如商务活动表达知识、商务服务知识、商务合作知识、商务金融知识等。除此之外，从技能层面来看，商务英语不仅涉及普通英语的五项基本技能，即听力技能、口语技能、阅读技能、写作技能和翻译技能，还涉及一些具体的实践技能，如跨文化交际、商务合作等，同时还涉及一些先进的技能，包括多媒体技术技能、信息技术技能等。

商务英语涉及内容广泛、应用领域众多，可以根据其应用领域的不同，细分为谈判英语、广告英语等多个应用领域。商务英语作为普通英语的变体，它不仅涉及很多的基础知识，还涉及很多的技能，由此可见，商务英语不仅是一个新的学科，还是一个十分复杂的学科。另外，商务英语还具有跨学科性，因为它与很多学科交叉融合，例如，与经贸、管理、文化等都有交叉和融合。如前所述，实用性是商务英语最大的特征，商务英语的传播和发展都是以实用性为目的的，进而实现最终的商务交际目标。所以商务英语有着特殊的语言特点，这些语言特点主要集中体现在词汇、句式、语篇、修辞等方面。下面就针对商务英语的语言特点展开探讨研究。

（1）词汇特点。无论是贸易、营销，还是法律、管理，几乎所有领域都与商务英语有着紧密的联系，但与此同时，商务英语也有一定的独立性与自身的独特特征。商务英语是普通英语发生社会性功能变体而产生的，它不是特殊语言的范畴。在商务英语研究中，商务英语词汇是其研究的重要内容。所谓商务英语词汇主要指的是人们在商务活动中普遍使用的、具有一定商务专业性质的、与商务活动相关的英语词汇。

在各种商务交流、商务合作活动中，商务英语词汇发挥着不可替代的作用。另外，由于商务英语是专门用途英语的一部分，所以商务英语词汇也属于专门用途英语研究的范畴，它最大的特点就是专业性，也就是具有很强的商务性。同时，商务英语词汇涉及的内容比较广泛，涉及的专业词汇和术语也比较广泛。然而，大多数学习者对于商务英语有所误解，在许多人的认知中，商务英语就是各种商务专有词汇汇集而成的英语。

第一，词汇形式的丰富性。商务英语词汇最为显著的特点就是词汇形式丰富多样。但是，从词汇的表现形式就可以将其分为三种类型，即公文体形式、广告体形式、论说体形式。每种形式有着不同的内容，下面分别进行简要论述。

一是公文体形式在商务活动中主要集中体现在商务合同、商务信函、商务通知等方面，其具体特点主要是词汇使用集中在书面词汇，且用词比较严谨和规范，同时所使用的词语相对正式、简洁。

二是广告体形式的商务英语词汇自然集中出现在广告中，这类商务英语词汇涉及的范围极广，更新速度较快，并且经常出现一词多义的现象。这一词汇形式不像公文体形式那样规范、严谨和正式，而是为了商业广告宣传的需要，具有通俗化和口语化的特点。同时，商务广告体为了吸引观众，还会引进一些新造词和外来词，这样能够使商务广告更加生动，更具吸引力。

三是论说体形式不像商务广告体那样口语化和通俗化，它使用最多的就是书面词汇，所以，论说体所使用的词汇比较严谨和正式。同时，论说体这一形式大多集中出现在商务报告或商务演讲中，其商务报告或商务演讲的内容大多数是推广商品，因此，论说体还具有专业性的特点。

第二，专业缩略语的大量运用。商务英语词汇涉及范围十分广泛，它不仅词汇形式多样，还有着丰富多样的专业缩略语。实际上，从商务英语词汇的发展历程来看，在商务英语出现时，商业英语缩略语就已经出现了。如电报专用缩略语等。只是随着商务英语的发展以及商务英语词汇研究的不断深入，如电报专用缩略语在内的旧的商务英语缩略语已经被研究者所淘汰。

缩略词不仅在英语中大量存在，它在商务英语词汇中也比较常见。专业缩略词的缩略方式也是商务英语词汇研究的重点。通常情况下，一个多音节的商务英语词汇为了表述的便捷性，研究者就会将其去掉一个或一个以上的音节，之后形成的商务英语词汇的音节就会更简短。此外，商务英语专业缩略词还可以省略前面的音节或省略后面的音节，通过这些方式而形成的词汇都属于商务英语词汇的缩略词。这些方式在商务英语词汇缩略中比较常用。例如，词汇 intro 是 introduction 的缩略词，chute 是 Parachute 的缩略词。还有一种专业缩略词是保留了中间的音节，如 flu 是 influenza 的缩略词。

近年来，随着经济全球化的发展以及商务活动的日益频繁，从事商务活动的人更加倾向于商务英语词汇的缩略词，这样不仅能够适应经济发展和商务快节奏的要求，还能够为商务从业者节省时间和精力，这样他们可以将更多的时间投入商务市场中，这在很大程度上提高了商业活动的效率。目前，在商务活动日益发展的带动下，商务英语词汇的缩略词已经广泛应用于商务运用、商务结算、商务交流、商务支付等领域。

第三，新词汇层出不穷。商务英语除了具有上述两个特点以外，还具有新词汇多样的特点。随着商务活动的持续增加，国际商业的蓬勃发展，一些新科技、新思想、新工艺、新技术等出现在商务活动中。这些新"东西"的出现必然会带动商务活动中新的词汇的发展。因为词汇是这些新的"东西"的基础，也是语言的最基本单位。因此，近年来，商务英语中出现了很多新的词汇。

纵观一些全新的词汇,例如,Cyber Space、online publishing、value added service 等,可以发现,这些关于商务英语的新的词汇大多都是复合词,也被称为合成词,即两个或两个以上的词汇按照一定的规律、语法、顺序等进行组合,最终形成一个新的词汇。实际上,一词多义在某种程度上也增加了新的词汇。例如,discount 在进出口贸易活动中被翻译为"折扣",在金融领域则用于表示"贴现、贴现率"。

(2)句式特点。商务英语属于一种使用文体,因此,商务英语最突出的句式特点就是严密性、准确性和简洁性。如前所述,商务英语是在商务活动中使用的英语,正是因为如此,商务英语这一文体更加注重商务内容的时效性、商务表达的准确性以及商务活动的逻辑性。所以通常情况下,商务英语的结构比其他文体要复杂和规范,同时商务英语的文体比较正式。

因此,商务英语广泛应用于商务投标、商务招标、商务合同等领域。另外,商务英语在句式上力求规范、准确、客观和正式,所以商务英语经常会以长句的形式出现。尽管如此,商务英语的句式基本固定、语言也比较简明。同时,还需要指出的是,一些普通英语中常见的句式如虚拟句式、倒装句式等很少出现在商务英语中。

第一,句式简洁,表达准确。商务英语的句式,还体现出简洁性的特点。这些特点常见于商务英语的排比句、简单句以及一些比较简短的复合句中。除了这些句式,在商务英语的缩略字母上也能够体现其句式简洁的特点。需要说明的是,对于商务英语的字母缩写,并不是随意的,而是,交际双方都认可这种字母缩略,只有这样,才能在商务活动之中,使用缩略字母。简洁的句子有助于商务信息的广泛传播,有利于从事商务活动的人理解商务信息,有利于商务活动的顺利开展。

第二,被动句式较常见。众所周知,汉语的日常表达中通常以第一人称为主,第三人称的使用相对较少,因此,被动句式在汉语表达中并不常见。"而在商务英语中,为了保证叙述过程的准确性和严密性,通常会使用第三人称进行叙述,因此,被动句式在商务英语中比较常见"。这样有利于避免出现第一人称和第二人称带来的主观臆断现象。

另外,在商务英语中使用的被动句式,其强调的重点主要在于"做的内容"和"做的方式",而不再强调"实施这一动作的人"。由此可见,被动句式在商务英语中发挥着不可替代的作用,例如,被动句式可以提高商务信息的客观性和准确性,也可以增强商务信息的可信度等。因此,在一些要求比较严肃的商务文体中,被动句式更为常见。

第三,经常使用长句、复合句、并列复合句。商务英语的句式简洁而且表达十分准确,这样有利于从事商务活动的人理解和运用商务英语。但是鉴于商务英语的专业性以及严谨性、准确性等特点,商务英语也会经常使用长句、复合句以及并列复合句。尤其是在经贸合同中这些复杂句式比较常见。另外,还需要指出的是,商务英语的句式结构比较复杂,通常需要借助许多短语、从句对句子进行详细的说明与限定,这样,商务英语的句子就容易显得冗长，有些句子甚至能够单独成段。

（3）语篇特点。商务英语在语篇结构方面注重逻辑性，强调语篇内容的连贯性，在通常的表达中，首先进行的是综合思维；其次进行的是解析思维。由此可见，商务英语在语篇表达中具有一定的独特性和共性。同时，语篇特点在很大程度上能够集中体现其词汇特点与句式特点。综合来看，商务英语的语篇结构合理、语言简练、内容具体、论述客观。下面针对商务英语的语篇特点展开具体解析。

第一，标题简洁醒目，多用缩略语。通常而言，商务英语语篇的标题都比较简洁醒目，透过标题能够准确地表现语篇论述的主要内容。同时，商务英语语篇的标题还要生动形象，这样能够吸引更多的读者，发挥更大的影响力。除此之外，商务英语的标题通常采用简单句式。而这些简单句式又常以陈述式、疑问式等为主。同时，商务英语标题还具有简洁性、突出主题性的特点，因此，商务英语的标题还会加上一些标点符号，以便进一步突出商务英语的标题特点。例如破折号、冒号等比较常见，而句号一般不会被使用。

第二，语体规范正式。众所周知，商务英语是一种以商务活动为主题的专门用途英语。商务英语的商务特色，决定了商务英语在使用和表达中不能像普通英语那样随意和口语化。换言之，商务英语在具体使用过程中，从事商务活动的人必须在遵循平等合作的基础上，使用规范化、正式化、通用化的商务语体进行沟通和交流。由此可见，语体的规范正式也是商务英语语篇的一大特色。

第三，行文结构要遵循一定的固有模式。商务英语主要用于跨国商务活动中，它的使用语境较为特殊。因此，商务英语在语篇结构上通常使用固有模式。这种语篇特点在商务英语信函中比较常见。接下来主要介绍两种常用的商务英语行文结构模式。

一是解析型语篇结构模式。解析型语篇结构模式在商务英语语篇中经常使用。解析型语篇结构模式首先就是将整体进行分割，使其整体问题转化为一个个小的问题；其次再对这些小的问题进行详细解析。一般而言，在购销合同与个人简历中会大量使用解析型的语篇结构模式。

二是比较—对比型语篇结构模式。在商务英语语篇中，要想论述商务英语商品、服务等方面的相同点和不同点，可以在商务语篇中采用比较—对比型语篇结构模式。众所周知，比较是对两个方面的相似性解析，而对比主要是对两个方面的不同之处进行解析。比较—对比型语篇结构模式常见于商务英语的信函、商务英语调查报告中。

（4）修辞特点。

第一，委婉。商务英语主要运用于商务活动。而从事商务活动的人来自不同的国家或地区，这些来自不同国家或地区的人主要运用商务英语这一语言进行交际。在交际过程中，难免会出现表达、认知和情感不同的现象。为了使其能够顺利交际，还能够从理智和情感上都能够接受对方的想法或观点，可以在表达中运用委婉语、模糊语。

委婉语或模糊语的内涵并不大，而外延却不小，能够使交际双方的观点被对方接受，它具有很大的包容性特点。同时，委婉语和模糊语还具有一定的弹性，能够给从事商务活动的人留下一定的空间，这样从事商务活动的人就可以在此空间中进行思考和想象。

除此之外，从事商务活动的人在使用委婉或模糊的商务英语进行交际时，还必须遵循礼貌原则。只有这样，从事商务活动的人才能在商务活动中顺利沟通和交流，从而为商务合作奠定基础。

第二，夸张。商务英语不仅经常使用委婉的修辞方法，还会使用夸张的表达方式。夸张在商务英语中起着重要的作用。这里需要强调的一点是，夸张并不是随意地夸大，也不是毫无根据地进行运用，而是从所有事物的本质着手，从内在层次对其进行使用夸张的修辞手法。换言之，夸张就是以事物的本质为基础，运用想象的方式，对事物的特征、内在进行扩大，从而达到增强事物表达效果的目的。在商务英语中运用夸张，不仅能够增强商务英语的感染力，还有利于商务活动的顺利进行。

另外，商务英语广告中经常使用夸张手法，其目的主要是起到点石成金的效果。同时，夸张手法因其语言简练、表达准确等特点在很大程度上促进了商务英语广告的传播。

第三，排比。排比是一种常见的修辞手法，它在汉语、英语表达中都起着至关重要的作用。排比其实就是把结构、意义、语气等相同或相近的词语、句子并列使用的一种手法。

排比的结构是对称的，虽然在表达中并没有明确对不同事物之间的相同点、不同点或内在联系进行说明，但交际双方能够从中了解到不同事物之间的内在联系、异同点等。在商务英语语篇中使用排比结构，可以使文章表达更具节奏感，有助于将重要内容表达得更为清晰。

（二）商务英语的主要翻译标准

1."三原则"标准

翻译的"三原则"标准对翻译也产生了深远的影响。这一原则的提出者是英国学者亚历山大·泰特勒。关于这一标准的具体论述主要见于《论翻译的原则》中。翻译的"三原则"标准具体如下：第一个原则是译者必须完整地将原文的思想表达出来；第二个原则是译者必须保持原文的风格以及原文作者的笔调；第三个原则是译者必须保证译文的通顺、流畅。

"三原则"标准的提出者，在当时提出这一标准的时候，主要倾向于文艺翻译，尤其是强调了这一标准适用于诗歌的翻译。实际上，翻译的"三原则"标准适用范围十分广泛，可以在所有文体翻译中使用这一标准。另外，翻译的"三原则"标准强调原文与译文的一致性，其中最重要的就是让译文读者获得与原文读者同样的阅读感受，产生同样的阅读反应，这在商务英语翻译中有着重要作用。例如，译者在翻译商务信函时，既要将信函中的内容信息准确完整地翻译出来，也要尽可能地使收信者产生发信者所期待的反应。

2. "信、达、雅"标准

"信、达、雅"的翻译标准是由清代翻译家严复提出的，对其的具体解释，主要见于《天演论·译例言》中。对"信、达、雅"翻译标准的具体解析如下：

（1）"信"。"信"是这一翻译标准的第一步，其核心就是对原文思想、观点、内容等的忠实。"信"主要强调的是译者对原文的忠实性，即将原文的内涵、内容完整而准确地翻译出来，并强调译者不能对原文的内容进行任意的改动，也不准对原文的内容有任何的遗漏。实际上，译者要想满足"信"，首先要做到的就是对原文进行全面的、准确的理解，如果没有做到这一点，就谈不上满足之后的翻译标准了。

（2）"达"。"达"是这一翻译标准的第二步，也就是在忠于原文的基础上做到译文的通顺和规范。如果要想做到"达"，译者就要在翻译中避免出现语言晦涩、结构混乱、语句不通等错误。

（3）"雅"。"信"与"达"是在"雅"的基础上实现的，也是这一翻译标准的最高要求。"信""达""雅"实现的过程也就是从易到难的过程。而"雅"主要强调的是流畅同时译文具有一定的文采特点。众所周知，一篇译文的质量与翻译者的翻译水平紧密相关，而译者的翻译水平既包括其英语水平，也包括其汉语水平，更包含译者对原文的理解。"雅"是翻译的最高境界，要想实现"雅"，必须做到以下方面：

第一，译者必须彻底理解原文的思想、观点和内容，并在此基础上对原文进行翻译。

第二，译者在翻译过程中不能将逐个原文词语的翻译拼凑成译文，这样会导致译文的生硬。

上述翻译标准在翻译界产生了很大的影响。同样地，商务英语翻译也受这一翻译标准的影响。在商务英语翻译中，同样需要遵循"信、达、雅"的翻译标准，即商务英语翻译不仅要忠于原则，做到语言的准确和严谨，还要保证商务英语翻译译文的通顺性和易懂性，使语言通俗易懂。更为重要的是，还要注意商务英语翻译译文的得体性，商务英语译文应该保持原文的行文风格，尽可能地还原原文，同时译文的语言表达也要与商务文本的语言特色相符。这就是商务英语对"信、达、雅"翻译标准的具体阐述。

3. "直译"与"意译"标准

直译和意译在英语翻译中都比较常用。译者必须坚持该直译的地方必须使用直译的方法，而该意译的地方也必须坚持使用意译的方法。

（1）直译。直译简单理解就是对原文一对一的翻译。译者采用直译法既可以保持原文的具体形式，又可以保持原文的具体内容。这种方法在英语翻译中比较常见。

（2）意译。意译，也被称为自由翻译。由于英汉两种语言在很多方面存在差异，当原文的形式和内容存在一定的矛盾，不能同时兼顾时，译者就不能采用兼顾原文内容和形式的方法——直译法，而需要采用一种注重原文内容，不保留原文形式的方法——意译法。

4. "功能对等"的标准

"功能对等"的翻译标准主要强调的是功能对等性，该翻译标准的突出代表就是美国翻译家尤金·奈达。"功能对等"的翻译标准，在中国翻译中也发挥着不可替代的作用。同时，"功能对等"的翻译标准主要强调原文与译文在诸多方面的对等，例如，在信息内容、语言风格、文化内涵等方面实现对等。"功能对等"的翻译标准在国际商务英语翻译中也起着重要的作用，无论是商务英语还是英语的其他文体，都必须保证原文信息与译文信息的对等。

5. "语义翻译"与"交际翻译"标准

"语义翻译"与"交际翻译"标准在英语翻译中也是十分重要的，其提出者是英国翻译家彼特·纽马克。这一翻译标准主要由两个部分组成，即语义翻译和交际翻译。语义翻译是对直译的总结，是对逐字逐词翻译的归纳，更是集忠实翻译的诸多优势的一种翻译方法；交际翻译是对归化的总结，是对意译的归纳，更是集地道翻译的诸多优势的一种翻译方法。"语义翻译"与"交际翻译"标准将语义翻译和交际翻译结合起来，更能达到翻译的良好效果。

综上所述，国外和国内都有自己的翻译标准。从整体上来看，不管是国内还是国外的翻译标准都注重翻译信息的对等性。具体而言，国外翻译标准主要注重文体的内容、文体的信息传递、文体的具体形式等；国内翻译标准主要注重文体的忠实性、文体的等值性、文体的内容、文体的传神性等。由此可见，国内外翻译标准都注重译文是否能够真实地反映原文的内容、思想等。而商务英语是英语的一种常见变体，其涉及内容十分广泛，因此商务英语翻译标准与普通英语翻译标准是有一定区别的，它具有自身独有的特点。也正是因为如此，商务英语翻译注重信息的对等性，即语义信息、风格信息、文化信息等方面的对等。

（三）商务英语翻译的重要原则

1. 准确性原则

准确性原则也是译者在翻译商务英语过程中必须遵循的原则。这一原则的主题就是准确。换言之，在翻译过程中，译者必须能够用译文的表达方式将原文的内容、思想等信息完整、准确地表达出来。

2. 忠实性原则

忠实性原则在商务英语翻译中占据十分重要的地位，它也是译者在翻译商务英语过程中必须遵守的原则。忠实性原则主要强调的是译者翻译的译文与原作者的原文信息对等。这也是由商务英语的性质决定的。同时，译者在翻译商务英语时，必须以忠实性原则为导向，保证译文与原文的信息对等，同时译者不可以窜改、歪曲、遗漏原文所表达的思想。另外，还需要强调的是，忠实性原则强调的不是原文语言表达形式的忠实，而是原文内容的忠实或原文风格的忠实。

3. 通顺性原则

无论是商务英语翻译还是其他形式的语言翻译，都必须遵循通顺性原则。通顺性原则主要指的是译者在翻译商务英语时必须使译文的词汇、句子通俗、顺畅，同时符合商务活动的规范和要求。另外，译者在保证译文通顺的基础上，还必须保证用词的准确性，避免用词的生硬化和艰涩化。例如，"I work at the Bank of China." 如果译成"我工作在中国银行"，就不符合汉语的表达习惯。

（四）商务英语翻译的处理技巧

1. 艺术化的处理技巧

翻译是对原文的一种再创造。有时简单的对译就能满足翻译的要求，但这种情况比较少见，即使是简单的对译，译者也要考虑英汉语序的转换。有时，一个英语单词包含的含义往往需要译者运用若干个汉语词汇来翻译，因而译者在翻译英汉对译的时候要运用一定的翻译技巧，即对译文进行艺术加工。在商务英语的翻译中，译者经常运用的艺术化处理技巧，主要包括如下方式。

（1）合句法。所谓合句法就是指译者在翻译的过程中把若干个较短的句子合并成一个长句。众所周知，汉语在表达中重视意合，因而其句子比较短，而英语在表达中重视形合，因而其句子都比较长，这就要求译者在把汉语翻译成英语时可以适当地运用合句法，从而使译文更加符合西方人的表达习惯，换言之，译者可以将原文中的多个简单句或一个复合句用译语语用习惯翻译成一个单句。

例：晚上 10 点 30 分的时候，网上交易量就少了。

译文：The time is 10：30 pm，and transactions on the net are light.

（2）分句法。译者在具体的翻译过程中可以对原句结构进行一定的改动，将冗长的英文句子拆分成短句，这就是分句法，这种方法有利于译文读者顺利阅读。对英语句子具体的拆分可以选在关系代词、主谓连接处、并列转折处等地方，在这些地方进行拆分不会使句子的本意发生变化。这种翻译方法有助于整体上保留英语原有的语序，符合汉语的语序习惯，可以使译者顺译全句，使译文更加清晰、流畅。

（3）词类转化法。由于英语与汉语是两种完全不同的语言体系，因此英汉语言存在诸多差异，其中语法结构方面的差异较为明显。在商务英语翻译中，译者如果要想成功地完成翻译任务，让译文读者在阅读时没有过多的障碍，就必须对原文中的词类，进行灵活处理，通过转换词类使译文更加流畅，更具可读性。下面对商务英语翻译中的词类转换类型进行具体介绍：

第一，转化为动词。商务英语翻译过程中，可以将一些本身含有动作意味的名词、形容词、副词、介词等转换为动词。

第二，转化为名词。商务英语翻译中，可以把一些由名词派生而成的动词、部分形容词及副词转换为名词。

第三，转化为形容词。在商务英语翻译时，把某些形容词派生的名词及副词转换为形容词。

第四，形容词转化为副词。商务英语翻译中，可以将部分形容词转换为副词。

（4）加词法。加词法是指译者在具体的翻译中根据实际需求适当地添加能够表达原文意思的词语，从而使译文更加准确和通顺。译者可以添加的词语种类很多，如名词、动词等，需要注意的是，加词法只能增加词语，不能随意增加其含义。除此之外，要想让译文更加生动准确，译者还可以对已经出现过的词语进行重复，适当地概括总结前文，这也是加词法的合理应用。

在汉语的表达中，中国人经常使用没有主语的句子，然而在英语的表达中，西方人则很少使用没有主语的句子，因而译者在把汉语翻译为英语时，除英语中极个别的结构可以使用无主句之外，译者要为大部分的英语译文加上主语，从而方便读者理解。

例：What is on following the discussion of the prime interest rate?

译文：讨论完优惠利率后，下一项议程是哪些？（增译主语）

英语和汉语在词汇方面存在较大差异。具体而言，在英语的表达习惯中，人们善于使用代词，因此译者在把汉语翻译为英语时要为译文适当添加物主代词，同时也要增添连词。在英语语言的表达中，西方人还大量使用介词和冠词，这也要求译者在翻译时适当添加。需要注意的是，增译法要合理使用，在保证语法结构完整的同时，还要达到译文的准确明晰。

（5）减词法。与增词法相对应的是减词法，减词法要求译者在遇到一些无法译出或者没有词意的词时，不必将这些词逐一翻译出来，这样有助于提升译文的简洁性。对仗是汉语中常见的语言表达，这种句式结构有助于增强文章的气势，但是在英语中这种表达方式并不多见，因此，在翻译中可以进行适当的省略，这样既符合英语的语用表达习惯，也使译文显得更加简短有力。如果将这句话翻译成"性质相反的毒药能够互相抵消"，就会使译文过于冗长，不够精练。在商务英语翻译过程中，译者还可以适当地省略一些没有重要含义的冠词、代词、连词、介词、动词等，这样形成的译文会更加符合译语读者的阅读习惯与思维方式，会更显精练准确。

（6）换词法。换词法是指在翻译过程中，译者可以按照具体的语境要求，在保证语意连贯的前提下，更换更为恰当的词语进行翻译，这样可以使译文完整地传达原文的意思，避免出现译文离题的情况。

（7）正译法与反译法。不管是在英语中还是在汉语中，人们描述同一个事物、讲述同一种观点时，都可以采用正说与反说两种方式，正译法与反译法就是在此基础上建立的。正译法就是按照与原文相同的语序或是表达方式进行翻译；反译法就是按照与原文相反的语序或表达方式进行翻译。实际上，正译法与反译法的效果一般是相同的，不过在汉译英的过程中，反译法更适合英语的语用习惯与思维方式，会使译文显得更加地道。

在英语表达中有一些词语与句子本身不含否定含义，但是其呈现出来的语义是否定的；还有些词句属于否定形式，但表达出来的却是肯定的含义。面对这种情况，译者首先要准确理解语句的真正含义；其次再使用正译法或反译法将原文含义翻译出来。

（8）深化法与浅化法。在商务英语的翻译实践中，有的时候译者不能直接按照字面的意思来翻译原文，译者需要结合上下文以及汉语的表达思想来完成翻译，根据具体的语境与语用习惯译者会进行合理引申，这就是深化法或浅化法。由此可见，深化法就是从一般中提炼出特殊，浅化法就是将特殊总结为一般。

（9）倒译法。在中国人的汉语表达习惯中，人们往往把句子中的定语以及状语等词汇放在被修饰语的前面，然而在西方人的英语表达习惯中，人们往往把句子中的定语以及状语等词汇放在被修饰语的后面，因而译者在翻译时要适当调整语序。通常情况下，倒译法较多地应用于英译汉中。

（10）包孕法。在英语长句的翻译中，译者将英语的后置成分前置，按照汉语语序使修饰成分在译文中形成前置包孕，这就是包孕法。需要注意的是，译文中的修饰成分不应过多，不然会显得烦琐啰唆，还有可能导致汉语句子结构混乱不清。

（11）重组法。一般情况下，译者在翻译商务英语时通常会遇到各式各样的句式，有时一些句式十分拗口，不符合目的语国家的语言表达习惯，这时就需要译者在彻底理解原文思想以及结构的基础上对原文的句子进行重组，即运用重组法进行翻译。

2. 完全对译与部分对译的处理技巧

通常而言，面对一些专业名词、专用术语，译者可以使用完全对译的翻译方法。如果没有出现一词多义的情况，那么使用这种翻译方法就非常简便。

如果在翻译过程中出现了一词多义的现象，译者就要借助具体的语境、上下文等明确该词在当前的语境中代表哪些含义，尽量选择与原文含义相接近的译文词语。以"best"为例，这个英语单词只在特定的语境中或者在固定的搭配中才会具有"优惠的、便宜的"这个含义。对于中国的学习者而言，当他们想要用某个英语单词表示"便宜的"意思，他们往往会优先选择"cheap"这个单词，这个单词比较常见，然而在英语的文化中，"cheap"这个单词往往具有一定的贬义，因而译者在翻译的过程中要慎重使用。

在商务英语翻译过程中，如果出现了一词多义的现象，译者就必须考虑具体的语境，根据上下文选择最恰当的表达方式，不能只翻译表面意思或常见意思。例如，商务英语中常见的发放贷款，可以用英语中的"to launch a loan"来表达。而其中的"launch"就属于一词多义，"to launch a training class/course"表示开设训练班，"to launch a satellite"则表示发射卫星。又如，翻译"Boss is firm with his men"时，如果按照"firm"的普遍含义译为"坚定"就不够准确，使翻译流于形式，其内在含义应该译为"严格/严厉"，只有这样才能准确表达原文意思。除此之外，在商务英语翻译中还有可能出现一些很难在译语中找到恰当对应的词，这些词原本的含义无法在译文中得到准确体现，这就需要译者按照具体语境，对该词的含义进行引申，从而找到合适的表达。

（五）商务英语翻译技巧的提升策略

1. 掌握文化背景的差异

由于中西方在地理位置、气候、风土习俗以及发展历史等方面存在比较大的差异，因而中西方的文化也存在较大的差异，这种文化差异也会对英语和汉语这两种语言产生较大的影响。这就要求译者在具体的翻译实践中要了解作者所处的时代背景以及文化体系，从而准确翻译作品，避免由于不了解中西方在某个方面的文化差异而出现错误的翻译，造成文化影响。世界上有很多个不同的民族，每个民族都有自己的文化体系以及风土人情等，其能够反映本民族居民的生活和精神风貌，是本民族智慧的结晶，因而文化对翻译有着非常重要的影响。

因此，译者在开展商务英语翻译工作时，一定要十分谨慎仔细，要考虑多方面的因素，不能使译文出现较大的翻译错误，从而造成歧义。例如，英语单词"dragon"的汉语意思是"龙"，在中国，龙是一种深受中国人喜爱的吉祥物，人们可以在很多场合看到"龙"这种形象，甚至中国还有很多人的名字里面包含"龙"字，然而在西方的各个国家中，它们却认为"龙"是罪恶的代表，他们不喜欢"龙"，所以译者在翻译有关"龙"的作品时，一定要正确处理中西方文化中对"龙"的理解差异。

2. 重视专业术语的对等

所谓专业术语通常是指应用到很多专业领域或者专业学科中的词汇，这些词汇是固定的搭配而且它能够表达准确科学的含义。专业术语有很多其他词汇不具备的特性，如它具有单义性。单义性，就是指专业术语的意思应该是准确的，不要引起人们的猜测或者歧义。由于商务英语中有很多专业术语，因而译者要想准确翻译商务英语，其前提条件就是译者要准确读懂和理解商务英语中的专业术语，这就要求译者要广泛大量学习和了解其他学科的专业知识等，从而使译者在翻译时能够准确翻译与商务英语相关的专业术语。

翻译商务英语需要遵循一定的参考标准，其中最重要的标准就是翻译的功能对等。所谓功能对等就是指译者在翻译时不要逐字逐句地翻译，要从文章的宏观结构出发来审视商务英语的原文，从而从语篇的角度进行翻译。在具体的翻译实践中，译者必须重视译文中的词语选择，注重词语的文化背景以及逻辑性等，尤其是译者在选择专业词汇时一定要十分谨慎。总而言之，译者在翻译商务英语时一定要重视词汇的选择，从而使译者更加通顺，符合功能对等原则。

通常情况下，在英语这门语言中有一个十分明显的特点，那就是英语中的每个词语往往都有许多个不同的含义，换言之，人们把这个英语词汇放在不同的语境中它就能够表达不同的含义，这种现象也经常出现在商务英语之中。有一些我们日常比较熟悉且使用比较广泛的词汇，把它们应用到商务英语的某一个具体的学科中，这个词汇就具有了其他特殊的含义，这是一种固定的含义，也就是所谓的专业术语。因此，需要强调专业术语的单一释义特征，换言之，译者在商务英语的翻译中要遵循术语对等的原则。

3. 注意翻译增词和减词

当我们对商务英语合同进行翻译的时候，因为合同是签订合同的双方以及当事人应该遵守的规定，这样的话，合同就是具有一定的法律效力的，所以，译者必须做到使用词语比较谨慎、措辞比较贴切。翻译文本要非常准确并且非常完整，这样的合同才是比较合理准确的。在对英文合同的文字进行翻译的时候，译者可以在原文的基础上适当地增加一些隐含的文字，这样才能使得合同看起来更加完整，结构也更加清晰，读者进行阅读的时候也就更加方便。

除了用词准确之外，还得谨慎选择词语，不同的词语有不同的意思，其使用的语言环境也是不一样的，这些都和文化有着或多或少的联系。从这些足以看出，语言环境不同，词汇的含义就不同，因此，译者必须合理选用翻译词语，从而准确表达其意思。除了这些，在使用商务英语进行交流的时候，我们也要注意对比较容易混淆的词语进行准确的区分。因为很多时候，如果翻译时选用的词语不合适，句子就会出现歧义，甚至表达了完全不一样的意思。所以，我们必须区分比较容易混淆的词语，只有这样，才能使商务英语的翻译质量得到提高。

在对商务英语进行翻译的时候，我们要掌握一个比较重要的翻译技巧——对词量进行适当增加或者减少。在进行翻译的时候，译者要依据原文上下文的意思、逻辑关系、翻译文本的语言上的特点和表达上的习惯，要么增加原文本中并没有的但是有一定意思表示的词语，要么减去原文本中存在的但是并没有实质性的含义的词语。依据上下文，可以先适当地增加动词、形容词等。具体是在何时增加词语，怎样增加词语，这些都不是一蹴而就的，需要在翻译实践过程中不断累积。另外，在进行翻译的时候，删减词语的翻译方法可以使得翻译文本变得简洁明，这样就不用对原来的文本进行逐字逐句的翻译了，也在一定程度上改善了文本的累赘和歧义的问题。

除了这些以外，如果英语中的很多词语在汉语中只有一部分能找到相对应的词语，有的甚至找不到相对应的词语，那么，在进行翻译的时候，译者要采取相应的措施。例如，Nike 是众所周知的一款美国的运动品牌，其本来的意思是希腊神话故事中胜利女神的名字，美国人把这个词语看作吉祥和胜利的意思。然而，假如我们简单地对这个词语进行音译，就可以译为"娜基"，但这个翻译对中国人而言较难理解和接受。所以，译者在进行翻译的时候，对词语的音节进行了一定的模仿，再加上运动服装都是比较经久耐用的，最后把这个词语翻译成"耐克"。这样的翻译方式既展现了运动服装经久耐用的特点，也把其中蕴含的毅力坚强的特点展现出来。即便如此，在西方人和中国人的心里，Nike 的含义还是不一样的，文化上存在差异。所以，汉语中没有相对应的词语和英语对应，并且英语的文化气息比较重的时候，译者就需要对文化进行适当的调整。

4. 语篇文体翻译要得当

商务文体的类型是非常多的，并且不同类型的翻译特征也是不一样的，如广告类型、公文类型等。文体的类型不一样，其翻译的风格和整体的方向也就不一样，在对商务英语进行翻译的时候，如果我们要想使其更为合理，就需要深入了解各种不同的文体，并且在对文体进行了解的基础上，再根据各个不同文体的特点来翻译语言。

例如，契约文体，通常而言，大部分契约的语言都是很正式的，并且具有文艺性。当我们对契约文体进行翻译的时候，用得比较多的就是法语或者拉丁语中的比较精确的词语。契约文体与其他的文体进行比较，我们就会发现，契约文体翻译使用的词语更为严谨。在对契约文体进行翻译的时候，我们非常注意的一点就是尽可能地不要使用一些弹性比较大的不经常使用的词语。相比较而言，对于公文文体的翻译而言，就没那么正式了，比较形式化，语言的使用也没那么文艺性，而显得严肃庄重了许多。我们在对公文文体进行翻译的时候，使用的词语大多都是比较专业的。在翻译公文文体的时候，译者必须做到尽量使翻译出来的文字非常简单，别人一看到就能完全明白其中的含义，是不需要使用很多修饰性词语的。

除了契约文体和公文文体外，还有一种文体和这两种文体都不一样，那就是广告文体。翻译广告文体的时候，译者使用比较多的就是形容词，还有就是形容词的最高级。人们做广告是有目的的，那就是对消费者进行一定的吸引，从而让消费者对产品进行消费，与此同时使越来越多的人知道这个企业的存在。所以，在翻译广告文体的时候，翻译的文本必须具有一定的吸引力，使人们根据广告对产品进行一定的了解，进而产生想要去购买产品的想法。所以，在对商务英语进行翻译的时候，译者需要先确定翻译文本是哪一种文体，然后根据文体来断定翻译的方向，只有这样，翻译出来的文本才能更加合理。如果译者对要翻译的文本的文体并不了解，通常就会出现使用错误的情况。

5. 调整"无对应词"翻译

英语中的很多词语并不是和汉语中的词语完全对应的，有的可能有一部分是相对应的，有的可能完全找不到相对应的词语，这就出现了词语空缺的现象。例如，Benz 车一开始被翻译成了"笨死"，又叫"平治"，这两种翻译都没有给其带来消费者。直到有了"奔驰"这个贴切的译名，才开始在中国内地有了广大的市场。除此之外，再如汉语中人们经常使用"鸳鸯"这个词语来比喻夫妻，英语翻译的时候就翻译成了"mandarin duck"，英语翻译后的词语并不能把汉语中词语的真实含义表达出来。所以，对于一些并没有对应词语的外来语言来说，因为其文化气息比较浓厚，我们在对其进行翻译的时候，需要适当地调整文化。

6. 恰当地使用词类的转译

所谓的转译指的是商务英语翻译中语言的表达方式和词语性质的变化。因为英语和汉语的表达方式和词语搭配存在很大的差异性，所以，译者在对商务英语进行翻译的时候会出现一定的不对应性，这个时候，译者就需要进行一定的转换。

在对商务英语进行翻译的时候，我们不能忽视翻译的风格。即便是人类的生存环境和条件等存在一定的差异性，从而使得文本的文化不能进行有效的翻译，但是，人类生存的主观需要和思考的方式并不是完全不一样的。各个不同的民族之间的差异性是非常多的，译者需要对其进行较为全面的了解，从而不断促成不同文化之间的相对应。在进行翻译的时候，如果译者把原文本中的风格信息忽视了，这样既会丢失翻译文本的信息，也会使得翻译文本变得并不是很合理。总而言之，国际商务英语涵盖了各式各样的文体的语言形式，译者必须对此加以注意。

在商务英语翻译中，译者经常会遇到一些词语在词典中的含义和上下文的意思表示并没有联系的情况，假如译者直接把词典中的含义应用到翻译文本中，那么，翻译出来的文本就有可能变得比较含糊，再严重一点，阅读人员可能会误读文本的含义。所以，译者必须根据自己平时积累的语言知识对上下文进行理解，进而对词语的引申含义进行解读。

（六）商务英语翻译的运用实践

1. 商品说明书的翻译

商品说明书在人们日常生活中比较常见，它是商务活动中非常重要的一部分，它具有较强的专业性，语言简洁严谨。在商品说明书的翻译中，译者除了要掌握基本的翻译准则与翻译技巧，还要了解商品说明书的语用特点，从而使翻译之后的商品说明书继续发挥其传递信息、指导人们使用商品的重要作用。

（1）商品说明书的内容与特点。所谓的说明书，指的是把商品的相关知识、使用方法等内容介绍给消费者的文书。商品说明书是架设在商品和顾客之间的一座桥梁。首先，它是消费者使用产品的指南，消费者借助商品说明书了解商品的性能、用途及相关注意事项，从而更好地实现商品的使用价值；其次，说明书随着产品走入千家万户，使消费者通过它更多地了解生产企业，对产品和企业起到了广告宣传的作用。

第一，商品说明书的内容。所谓商品说明书，指的是对商品的用途、构造以及如何使用等所做的文字说明，顾客在购买商品之后，就可以通过阅读商品说明书从而明确商品的使用方法。商品说明书一般放在商品的旁边，主要以小册子的形式呈现，其目的在于展示指导消费者使用商品，并指出了商品的养护方法等，以免因为错误操作对商品造成不利影响。在英语中，商品说明书主要有三种翻译形式，即 Instruction、Direction、Description。商品说明书的内容应该具有一定的科学性，并且在阐述如何使用的时候应该具有条理性，所用的语言应该通俗易懂，并且应该根据需要对下面所论述的方面有针对性的详细说明。

第二，商品说明的语言特点。

一是商品英语说明书的词汇特点。首先，运用缩略词。缩略词的出现就是为了方便人们的使用与记忆，在科技领域缩略词的使用更是普遍，因此，商品英语说明书中也包含大量的缩略词，译者需要对这些缩略词有所了解，并熟练运用。其次，使用专业词。商品说明书本身就具有较强的专业性，因此，商品英语说明书中含有大量的专业词语，而这些专业词语有一部分是从普通词语转化而来的，译者在进行翻译时就需要加以辨别。最后，运用合成词。在商品英语说明书中还经常出现许多合成词，大多数是由已有的单词拼接而成的。

二是商品英语说明书的句法特点。首先，多用现在时态。现在时态是商品英语说明书常用的时态，因为说明书主要阐述了商品的品质与功效，这些品质与功效并不是个别的、短暂的，而是普遍的、有较长期限的。例：Moisturizing Color Gloss protects and softens chapped lips. 这里用了一般现在时，从而突出滋润是该商品的主要功能，也是持续的功能，其他时态可能无法达到这种说明效果。其次，多用条件句。人们在使用商品的过程中必然会遇到各种各样的问题，为了对这些问题与应对方法进行说明，商品说明书就需要使用大量的条件句来假定这些情况，然后再指出应对的方案。最后，多用被动语态。商品说明书是用来描述产品的，所以要立足事实，以事实为依据，所强调的应该是产品的本质特征，应该使用被动语态。被动语态的表达更加简洁，更符合商品说明书的要求。

三是商品英语说明书的语篇特点。由于商品说明书的目的是让读者快速地掌握商品的功能与用途，因此，它的语篇较简短，语句结构较简单，能够使读者一目了然。具体而言，商品英语说明书的语篇特点有以下方面：首先，专业性强。专业性是商品说明书的突出特点，但同时商品说明书也要注重其应用性，综合考虑，它应该使用一些稳定性较强的词汇。商品说明书描述的产品对象涉及各行各业，甚至会有一些特定的"行话"。其次，信息准确。消费者要想了解或者选择一个商品，就必须阅读其说明书，因此商品说明书需要提供该商品非常详细、准确的信息，为消费者提供参考，同时也要引发消费者的购买兴趣。再次，语言客观。商品说明书必须全面、客观地介绍该产品，要做到实事求是、表达严谨，因此商品说明书的语言也要做到客观严谨，从而真实地呈现商品。最后，通俗易懂。商品说明书面向的是广大的消费者，而这些消费者的文化水平必然存在差异，考虑到这一点，商品说明书的语言要尽量通俗易懂，不能过于晦涩，要满足大多数人的阅读需求。

（2）商品说明书翻译的原则。

第一，准确原则与简洁原则。根据产品说明书的特点，译者在翻译的时候应该保证用语的严谨与准确性，多使用一些逻辑性强的语言，并且应该尽量让句子简洁明了。一些产品可能构造比较复杂，所以在撰写产品说明书的时候，应该确保论述的正确性，由于消费者并不是业内人士，对产品不太了解，因此商品说明书应该尽可能少地用复杂语句，多用平实、易理解的语句。

第二，等效原则。由于说明书属于科技应用文的范畴，在翻译的过程中应特别注意它的语用功能。当前，许多商品的英文说明书都存在一些错误，其中语用失误现象非常明显。说明书应该是一种对外交流重要的手段，如果出现错误，势必会影响海外客户对商品的了解，并且会有损厂家的形象，并会让顾客对产品的质量产生怀疑，这显然是有百害而无一利的。并且，中西方文化之间还是存在思维模式差异的，所以在翻译商品说明书的时候应该注意句法的选择以及内容的描述方式。如果译者注意到了这种文化差异，就会运用各种翻译方法从而传达出原文的意思，并且还能够很好地迎合受众的阅读习惯。

（3）商品说明书的词汇翻译。

第一，词汇的翻译原则。从本质上来看，翻译就是一个理解与表达的过程，对于商品说明书的翻译来说，就更应该将产品的特点与用法等完美地传达出来。译者在翻译商品说明书的时候，就应该将英语词汇的"含义"以及"信息传达"等放在第一的位置，从而将原文的意思精准地转换出来，不能让读者感觉模棱两可。在翻译说明书的时候还应该注意用词的专业性，避免出现不伦不类的语言，同时，在翻译的时候，还应该注意用语的精练程度，让读者花最少的时间能够获得最多的产品信息。

第二，词汇的翻译方法。

一是意译。意译指的是根据原文的意思选择不同的表达方式进行中英文转换的一种方法。在翻译的时候，应该做到精准传神，用意译法翻译出的词汇技术一般科学概念明确，并且不会产生歧义，所以，在翻译英语科技文体的时候，意译法是不错的选择。

二是字面译。在一些专业的英语中，有很多新词的意思都是由旧词赋予的，一般而言，这些新的词往往会带有一些隐喻的色彩。例如，window 的本意是窗户，用在计算机领域，就可以翻译成"窗口"，当读者熟悉该词的意思之后，就会让这个单词拥有一个新的约定俗成的意义。

三是音译。音译就是根据单词的发音进行英汉互译的一种方法，从总体上来看，这种翻译手法是遵从一定的美学要求的，例如，sonar 声呐，clone 克隆等。

四是半音半意译。对于一些专业术语而言，单纯用音译的话可能会显得不是那么正式，所以常采用与意译结合的方式进行翻译，例如 monel metal 蒙乃尔合金，doppler effect 多普勒效应。

五是形译。在科技领域，许多科技专业术语为了更加形象地描述某种技术术语，通常会用英语字母的外形来表达，这种方法被称为形译法。

六是移植译。在翻译一些派生词或者是复合词的时候，多用移植的方式，所谓移植方式即将单词中各个词素分别译出，例如，microwave 微波。因为有些专业术语是比较长的，所以在翻译的时候用移植法能更好地表达出单词的意思。

七是采用外文缩写词。在科技术语中，我们随时可以看到很多英语字母缩写，如果将这些词语翻译成汉语，就会显得比较拖沓，所以在很多情况下，我们就可以不对其进行翻译，这类单词在计算机以及生物领域中非常常见，例如，综合业务数字网（ISDN）等。

译者在翻译之前应该明确这个词汇在说明书中的含义，并且应该尝试着翻译几个译名，对比之后可以挑选出一个最合适的表达。商品英语说明书的翻译除了要求译者具有较高的英语水平，还要具备一定的汉语修养，只有这样才能将说明书的含义精准地传达出来。

（4）商品说明书的句法翻译。

第一，祈使句翻译。在表达命令以及请求时，就可以使用祈使句，在英文的商品说明书中也有一些祈使句，用来表达对某种事物的建议，并且具有强调的作用，所以，祈使句在英语中是比较常见的，往往用来表示"指示""叮嘱""告诫"等。就表达方式而言，商品说明书的结构与语句等都是非常简洁的，并且限制于篇幅，说明书中常见一些简单句、祈使句以及片段等，所以，译者在翻译的时候也应该突出翻译的这些特点。除此之外，在翻译商品说明书的时候往往要对商品使用的条件做出一定的限定，所以在翻译的时候译者可以适当使用状语从句对条件予以限定。

第二，被动语态翻译。被动语态的表达相对比较简洁，还能体现一定的客观性。商品说明书主要用于解释说明商品的功能效用，同样非常注重客观性和准确性。如果过度使用第一人称或第二人称进行表述就会给人一种过度主观的感觉，缺乏客观性。因此，商品说明书的翻译应该尽可能地使用第三人称表述，在翻译时使用被动语态。

第三，非谓语动词结构的翻译。针对商品说明书的翻译必须遵循三个基本原则，即清楚、简洁、准确，只有做到这几点，商品说明书才能体现其真正作用，让人们明白商品的功能与使用方式。具体而言，非谓语动词结构翻译有以下两种形式：

一是分词短语作定语。一般而言，分词短语作定语的翻译需要参考"单分在前，分短在后"的原则。单分指单个分词，分短指分词短语，即单个分词作定语时，要放在被修饰的名词之前；而分词短语作定语时，要放在需要修饰的名词之后。需要注意的是，分词短语作定语时，不管其在句中处于怎样的位置，都无须用逗号隔开，通常译者会用"的"字结构使其变成被修饰名词的前置定语。

二是动词不定式。动词不定式除了不能作谓语，其他任何句子成分它都可以充当。鉴于这种特性，动词不定式在商品说明书中出现的频率非常高，人们经常借助它来代替一些从句的表达。

2. 商务合同的翻译

"商务英语合同作为一种法律文件，在国际交流与合作中被广泛使用"[①]。由于英语是一种公认的世界性语言，所以商务文本一般都会用英语撰写，对语言表述的要求非常高，在措辞、文本结构、格式等方面必须做到严谨规范。因此，翻译商务合同必须考虑合同语言的特性，在此基础上做到精准、严谨的翻译。

（1）商务合同翻译的标准。商务合同中的各项条款都对合同签订者的经济利益有着直接的影响，并且，一些涉外商务合同还需要考虑不同国家在法律规定上的差异。这为商务合同翻译增加了许多难度。此外，商务合同的文体结构非常严谨，对用词规范严谨，这就要求在翻译之后译文也要做到严谨准确，避免歧义。因此，商务合同翻译必须依照一定的标准进行。

第一，准确严谨。商务合同具有较强的专业性，同时也具有一定的兼容性，为了满足人们对商务合同的严格要求，避免出现歧义与误解，商务合同的翻译首先要做到准确严谨。合同文本与其他文本相比具有一定的特殊性，它是对合同双方真实需求的文字记录，因此，合同文本的翻译对于文采韵味的要求几乎没有，它最注重的是准确严谨地将合同签

---

① 张翼飞.商务英语合同的词汇特点及翻译技巧 [J].中国商贸，2011（21）：237.

订者的要求与意思表示出来。

用词准确是翻译商务合同的第一要义。商务合同中的词语翻译既要做到精准对应，还要体现出一定的专业性，例如，通常译者在翻译"accept"时，会将其译为"接受"，但是在商务合同中，就必须使用更加专业的词汇——"承兑"，同时，"acceptor"就应该译为"承兑人"。又如，一般情况下，"shipping advice"与"shipping instruction"的意思基本相近，不用作详细区分，但是，在商务合同中就必须对二者进行明确区分："shipping advice"表示"装运通知"，即交易双方中的卖方向买方发出的通知；而"shipping instruction"则表示"装运指示"，即交易双方中买方向卖方发出的指示。同样的例子还有"shipment dale"与"delivery dale"，这两个单词都可以译为"装货日期"，但是在商务合同中它们还有着细微的差别，"shipment dale"指货物起运的日期，而"delivery dale"指到货的日期。由此可见，在翻译商务合同时必须仔细辨别词语的含义，以免出现对合约的误解纠纷。

第二，规范通顺。合同是具有法律效力的文件，具有严肃性特征，因此在翻译过程中必须做到规范通顺。规范，就是要严格遵守法律语言的要求，呈现出契约文本的特点；通顺，就是要满足汉语的语法要求与语用习惯，保证译文能够被人清晰理解。另外，在进行商务合同翻译时，译者一定要遵循两大原则，一个是"准确严谨"，另一个则是"规范通顺"。严谨是商务合同翻译的第一要义，如果翻译的不严谨，就有可能导致签订双方最后对簿公堂；规范通顺是合同签订双方清楚表达自己意见的前提，如果译文过于晦涩，那就会让签订双方无法理解合同的具体内容，同时也就失去了翻译的现实价值。

（2）商务英语合同的词汇翻译的特点与技巧。

第一，商务英语合同的词汇翻译特点。

一是专业术语单义性。目前，国际贸易已经涉足诸多行业，这使商务英语合同中除了会经常使用到各种专业的法律英语外，对于其他学科领域专业术语的使用也同样比较频繁，如 ocean bills of lading（海运提单）、freight to collect（运费到付）等就为常用基本贸易术语，而 expiration of contract（合同期满）则为拟定合同时的常用合同术语。虽然这些专业术语或词汇在日常交流中大多并不常用，但为了保证合同内容的明确、清晰，仍然需要进行权威的科学认证，只有确定这些表述不管怎样都不会出现歧义，才能放心地应用在合同中，用来进行商务合同的表述，实际上专业术语之所以大多具有单义性，正是因为上述要求。

二是普通词汇半专业性。由于贸易活动早已遍布各行各业，在贸易合同中需要约定的内容自然非常广泛，因此，要求合同中所有的内容都通过专业术语来表示是不可能实现的，这就需要用到一些普通词汇，这些普通词汇的专业性必然比不上专业术语，但是其具有多异性，它们在合同中的应用使自身逐渐成为半专业性词汇，并引申出一些新的含义。

　　三是外来词使用较多。与汉语一样，英语在一千余年的发展历程中，同样对很多外来语进行了吸收融合，这些外来语虽然并不属于日常用语，有些甚至在是否为英文词汇上仍存在着争议，但在商务英语合同的拟定上，却常常会对这类词语进行引申性的引用，最终使其演化为商务英语的一部分。例如 force majeure 在商务英语合同中通常表示不可抗力或无法预见并通过人力避免，该词汇源自法语；as per 在商务英语合同中表示"根据"，其来自希腊语。此外，如来源于拉丁语的 ad valorem duty（从价关税折扣）、来自法语的 claim（权利）等，也都在商务英语合同的拟定中有着较为频繁使用。

　　四是古体语相对常见。英语的发展过程主要可分为古代英语、中世纪英语及现代英语三个阶段，受文艺复兴等诸多因素的影响，不同时期的英语在词汇方面的变化都比较大，引入或创造了很多的新词汇。古体语是指文体色彩较为鲜明的词汇语言，一般很少用于日常交流，而在商务英语合同中较常运用，古体语可以体现出庄重、严肃的合同语言特点。如 hereafter（今后）、therein（在其中）等。虽然古体语与现代英语规范有一定的出入，但用在严谨、庄重的商务英语合同中却是比较合适的。

　　第二，商务英语合同词汇翻译的技巧。

　　一是明确合同内容目的。翻译商务英语合同主要围绕语际转换展开，这是为了保证原文与译文的一致性，从而让使用不同语言的合同双方都可以明确合同各项条款的含义与要求，以免因合同理解上的偏差而导致后续合同纠纷。基于这一原则，在进行商务英语合同翻译时，译者最好可以从功能翻译理论的视角出发，对在具体翻译过程中出现的问题进行解析，一旦合同中出现词汇、词组、语句有两种或多种不同的意思，应立即向合同拟定者进行询问，将该处合同内容的实际含义与目的明确下来，并告知合同双方的负责人，之后再根据这一目的来进行后续翻译，同时通过使用单义性词汇、调整或拆分句式等方式来得出译文，以免合同译文与合同原文在含义上出现差异。此外，由于合同中的各项条款都与签订者的利益存在紧密联系，因此合同的翻译者具有特殊的职责，合同的翻译工作必然会对当事人的利益造成间接影响，因此翻译过程中对功能翻译理论、忠诚翻译原则的坚持也是对译者自身职业道德素养的考验。

　　二是保证合同译文连贯性。由于商务英语合同文本具有法律效力，因此其词语、句法的使用都必须做到严谨规范，这就不得不重叠使用一些比较重要的词汇来完成表述。英语中的词汇重叠与汉语中的叠词大致相近，一般来说其含义不会过分变化。但是在翻译合同的过程中遇到这些重叠使用的词语，就很有可能使译文变得烦琐冗长，合同双方理解起来也会比较困难。针对这一问题，译者在对商务英语合同进行翻译时，还需坚持连贯性原则，对合同内容进行深入、明确的理解，在确定重复使用词汇并无其他特殊含义的情况下，按照汉语的词语使用习惯来进行翻译，即通过一个词语来表示多个重复使用词汇的相同含义，从而保证译文句子的连贯性。

三是准确把握句法特征。鉴于商务英语合同的特殊性，在拟定合同时还需要对不同的句式应用范围进行限制规定，例如，陈述句一般用于表述合同双方的应得利益或支出，如付款金额、付款时间要求等，而被动句则主要用于对合同双方责任、权利、义务的明确，如货物包装要求、运输方式要求等。因此，在翻译不同类型的句子时，译者要先了解句子类型相对应的特征与应用范围，然后再选用恰当的汉语句型进行对应翻译。例如，在翻译结构复杂的长句时，由于这类句型在商务英语合同中通常用于说明一些容易产生歧义的权利、义务规定，而在汉语中则基本不会出现这类问题，因此翻译时需要将原文的长句拆分为多个含义明确、结构简单的短句，以便于合同双方理解。

四是熟悉各类缩略词及其翻译标准。在商务英语合同中，经常会使用一些由简单字母、符号组成的缩略词来表达复杂含义，如 FOB 为英文 Free On Board 的首字母缩写，意为离岸价格，而 A/R 则表示 all risks，意为全险。对于译者来说，必须通过日常积累来书写这些缩略词的含义及其翻译标准，才能够保证翻译效率及译文的准确性。

（3）商务英语合同的句法翻译的特点与技巧。

第一，商务英语合同句法翻译的特点。在拟定商务英语合同时，不仅要详细列出双方应该享有的权利，还应该指出双方应该承担的义务，所以在选择句型时，一般会选择陈述句、复合或并列的扩展式长句，这是因为这些句型有一定的局限性、较强的客观性，结构上多采用被动句和名词性结构，且多用现在时态和直接表达式。

例 1：At USD 20 per carton net FOB DALIAN.

译文：每箱净价 20 美元，成交条件大连港离岸价。

商务英语合同中需要表述不同的句子关系，这时就可以采用名词化结构，这种情况一般有三种：①of 在名词化结构中的作用非常突出，一方面利用它可以连接主谓关系或者动宾关系，另一方面它还可以连接含有 by 的短语，这样就能把复杂的从句变成名词短语。②可以把被动语态转换成名词。③可以将副词与动词看作一个整体，然后将其转换成名词词组。

例 2：Delivery on time with the stipulations of the contract is of vital importance.

译文：按照合同规定按时装运是十分重要的。

上面的两个例子体现了名词化结构可以表示不同的句子关系，商务活动总是会存在不少变数，因此在拟定商务英语合同时，不仅要考虑双方应该享有的权利以及应尽的义务，更重要的是，还需要将商务活动过程中容易出现的情况逐一列明，这就使得条款中会使用大量的条件句，该句型可以将各种情况详细描述出来，有效保证了双方的经济利益。常见的表达方式有：if，without，unless，should，provide that，on condition that，in case of，in the event of 等。

商务英语合同最典型的句法特征就是语言客观，它将许多短句并列起来，使其共同组成一个复合句，这个复合句能将复杂的内容表达出来，所以这保证了商务合同的全面性，也让合同签订双方的利益得到了保证。

第二，商务英语合同句法翻译的技巧。

一是长句翻译。涉外合同中经常使用长句。在涉外合同，会出现大量的长句，这是因为涉外合同需要严谨，而长句叙述的内容比较完整，能将双方的权利与义务关系明确下来。再者，多使用长句也能减少合同内容的烦琐程度，但是，如果长句没有组织好，表意不明确，就会导致误解。所以，在翻译中，我们一定要解析清楚彼此结构，理顺脉络。

二是合同常用被动语态，翻译须为主动结构。合同中的被动句，能够准确标明合同一方的权利义务，并且词汇运用也合理，如果在合同中大量使用被动句，那么就能将合同的专业性体现出来，这对于合同的最终达成也非常重要。涉外合同中被动句的翻译，可以巧妙地将被动语态转换成主动语态。

例：the case in dispute shall then be submitted for arbitration to the Committee.

翻译的时候，将句子中的被动语态 be submitted 转换成中文的主动语态，本句出现的被动语态，如果我们按照英文结构直接翻译，显然不是地道的中文。所以，我们在翻译的时候，应采取主动结构，符合汉语的表达习惯。故此我们把这句翻译成："将争议提交给委员会进行仲裁"。

又如：In case no settlement can be reached. 如果我们把它译为"如解决协议无法被达成"，显然不是地道的中文，因此一定要翻译成主动句"如协商不能解决（分歧）"。这样理解起来就方便多了。

三是否定句。首先否定提前。在合同中会存在不少的否定句用来规范双方的行为，通常情况下，英语处理否定的方式有两种，不过这两种方式都是通过调整语序的方式来实现的：第一种，可以将否定词放在情态动词或者助动词之后，这样就构成了陈述语序，否定的目的也就达到了；第二种，可以将否定词直接放在句首，调换情态动词或助动词与主语的位置，经过这样的挑战，就形成了新的语序，这就是倒装语序，同时，否定的目标也就达到了。而在合同中，关于否定的处理，我们一般都会使用第二种方法。其次移项否定。谓语的位置发生变化，将其转移到主语或者宾语的位置上，这就叫移项否定，这样做的主要目的就是加强语气。

例：倘若合同签订的双方都没有延长合同的意愿或者有一方并不同意延长，那么，到了合同结束之日，合同就立即失效。

译文：If neither party requests an extension, or if one of the parties says no to the extension, this contract will no longer be in force upon the expiration of the stipulated period.

四是抽象名词作主语现象普遍，翻译要转化。在涉外合同中，有大量的抽象名词出现，这既可以使行文凝练，同时也使合同更加严谨。但是在汉语中，却很少有这种抽象名词作主语或者宾语的习惯，为此，在进行涉外合同翻译时，须进行转化，即将英语的某一成分转换为汉语的另一成分，以力求行文通顺流畅，并具有完整的含义。

例1：Partial shipments shall be allowed upon presentation of the clean set of shipping documents.

译文：分批发货是可以的，但有一个前提条件：需要准备一套清晰的装运单据。

在这里，shipment 与 partial 都实现了词性的转换，shipment 在译文中已经被转换成动词，而 partial 则被转换成了状语。

例2：The products fair will be held at Shanghai Expo, China with the Buyer's representatives.

译文：买方代表将参加在中国上海博览会举行的产品博览会。

3. 商务广告的翻译

（1）商务广告的分类与特点。

第一，广告的分类。广告这一词汇最先来自拉丁语"advertere"，之后到了中古英语时代，其就演变为"advertise"，所表示的意思为让某人可以注意到某件事。之后这一词汇开始被用在了商业推广活动中。广告的分类比较复杂，一般而言，依据不同的标准可以有不同的分类。从广告媒体的标准来看，广告不仅包括报纸广告、广播电视广告，而且还包括户外广告、电影广告等。按广告诉求类型分类可分为情感广告和理性广告。从不同的角度出发，广告的分类也就不一样，这让广告分类看起来非常复杂，但是无论从哪一个角度出发，广告都是进行产品宣传的一种形式。

第二，商务广告的语言特点。随着社会的繁荣发展，尤其是全球一体化进程的不断推进，广告在经济以及文化等领域中的作用越来越突出。广告语言在叙述产品功能时往往会非常生动，大众在听到广告时容易产生对产品的联想，进而有可能产生购买欲望，这是广告最直接的作用。语言在广告中有着非常重要的作用，它不仅影响着广告作品的成功与否，而且还会影响广告的传播效果。我们评判广告的成功与否就是要看其是否对人们产生较强的感染力。此外，广告不仅是一种传递产品信息的传播媒介，更重要的是，它已经开始涉足艺术审美与社会文化领域。广告越来越成为一种视觉审美艺术，给人带来视觉上的享受。

商务英语广告为了给受众留下深刻的印象，广告设计者通常会使用一切可利用的语言资源进行组织，从而实现广告目标。一般而言，成功的商务英语广告会具备以下特质：句子简短、用词精练、主题明确、内容突出。

一是商务英语广告的词汇特点。

杜撰词增加新鲜感。广告必须保证理念、内容的新颖，因为消费者已经看过太多的广告，如果广告不具备新颖性，那么，其就很难吸引消费者的注意力。因此，很多广告都强调在立意上要保持新颖，这样做的最大目的就是博得消费者的关注，激发其购买欲，并最终促使其产生购买行为，修辞手段在广告中的应用就能达到这一效果。这使得很多广告设计者开始注重在广告中使用修辞手段，从而使广告看起来非常生动形象。杜撰词就是一种可以帮助广告设计实现这一目的的词汇，它故意违反传统语言规范，以提高语言的表现力，从而丰富广告的内涵。

褒义词突出优越性。广告在对产品进行描述时往往需要对产品进行必要的渲染，而那些具有褒义感情色彩的形容词，甚至是其比较级与最高级形式，都能起到渲染的作用，因此这些词汇在广告的使用中非常频繁。在广告中使用褒义形容词，不仅能让顾客从主观上肯定商品，对商品留下深刻的好印象，更重要的是，这种好印象的建立有利于激发顾客的购买欲望，促使其购买行为的发生。

在广告中大量使用褒义形容词是一种必然的行为，这是因为为了能让顾客认同产品，good，beautiful，true，super 等褒义形容词可以更好地对商品进行粉饰美化，也能让顾客对产品性能有好的期望。一些具有评价性质的形容词的最高级形式也经常出现在英语广告中，这些词汇使用的主要目的就是对商品的好品质予以强调，同时在很大程度上还能提升广告的销售价值。

人称代词拉近距离。人称代词在英语中的使用频率也很高，它主要是用来表示行为动作中人与人的关系，因此，使用人称代词可以让广告商与受众之间建立一种紧密的关系。为了进一步拉近产品与受众之间的关系，广告英语常常选用第一人称代词来指代产品生产商，而选用第二人称指代消费者，正是这种关系的确立，能让消费者对广告中宣称的商品给予好感，更重要的是，可以让消费者认可商品的质量，从而有购买的冲动。

二是商务英语广告的句式特点。

多用简单句和省略句。广告的时长毕竟有限，时间太长的广告容易引起人们的疲惫感，因此，用最简洁的语言描述产品，是广告的特点之一。在商务英语广告中，短句、省略句以及各种简单句是频繁出现的，简洁的句式使得商务英语广告的传播范围也比较大。广告就是为了让消费者去购买商品，而使用大量的简单句一方面可以节省空间与成本，另一方面还有利于消费者对广告内容的理解，吸引其注意力。

运用祈使句。在广告语中还有一种"鼓动性"语言，使用这种语言的主要目的就是对产品进行推广与宣传。而祈使句本身就表达一种请求与命令，暗含着让人做事的语用功能，因此从这个层面上来说，在广告中使用祈使句是完全能够激发消费者的消费欲望的。商务英语广告也是如此，设计者常在其中运用祈使句以用最为简洁的句子表达最直观的产品理念，让消费者真正了解产品的价值。

精用疑问句。疑问句也是商务英语广告中的"常客"，这是因为疑问句本身带着疑问可以让消费者产生共鸣，且疑问句的语调与其他句式的语调不同，它是一种上扬的语调，能让消费者对产品产生足够多的好奇心，进而自觉地去接触商品。疑问句在商务英语广告中的使用通常可以取得不错的效果。

巧用平行结构。平行结构是一种修辞手段，它用语法结构来突出语言的意义，在语言表达的客观需要的前提之下对两个或两个以上结构相同或相似、意义有关联、语气相一致的词、词组或句子进行主观的排列组合，从而使其可以构成一个整体。商务英语广告的传播性是广告设计者追求的广告设计目标之一，因此传播的范围越大，广告对消费者的影响力越大，因而广告语如何结构均衡，且读起来朗朗上口，则非常有利于广告的传播，平行结构就能很好地满足广告的这一要求。因此，在不少商务英语广告中都能看到平行结构。

三是商务英语广告的修辞特点。

比喻。比喻是在广告中经常可以看到的修辞手法，它内涵丰富，主要包括隐喻、明喻和换喻等形式。利用比喻修辞手法对产品进行描述，可使产品变得更加生动、形象，能让消费者更加直观地了解产品的特征，从而帮助其迅速定位自己的需求，能让消费者更容易接受产品。

拟人。在商务英语广告中，拟人修辞手法的使用率非常高。商品毕竟不是活物，为了强化商品与消费者之间的联系，可以利用拟人手法对其进行人格化，让商品获得情感，这样人们在了解商品的过程中就会感受到一种亲切感。

双关。双关是可以能够展现句子双重意义的一种修辞手法，不过其实现有一个条件，需要单词同音或者同形。由于双关能够表达双重意义的这一特性，其在商务英语广告中使用频繁。

夸张。夸张是对需要描述的事物进行过分渲染时所使用的一种手段，在商务英语广告中使用夸张的原因是，它能让产品的性能延展开来，让读者在没有见到产品实体之前通过自己的想象力对产品产生好感，从而使其对产品有更多认知，并最终达到不错的宣传效果。

商务英语广告是一种兼具时尚性与前进性的特殊的文体，它的主要目的就是进行商业性的产品宣传，让更多的人了解产品的价值，此外，其还具有幽默、美感的特征，这也让其具有了一定的艺术性。对商务英语广告进行研究，具有重要的意义，首先具有很大的语用价值，其次具有宣传产品的现实意义。

（2）商务广告翻译的原则。

第一，目的性原则。从目的论的层面来看，一切翻译活动都必须遵循目的法则，这换言之，翻译行为的是以翻译目的为导向的。商业广告是一种不折不扣的商业行为，它最终的目的就是要吸引绝对多的消费者，所以广告设计者在进行广告设计时，其往往以消费者为中心，而这样就保证了广告能够满足消费者的需求，并促使其能主动进行消费行为。值得一提的是，这不仅是商业广告的目的，也是商务广告翻译的目的，且这个目的具有唯一性。所以，所有的商务广告翻译活动在开展之前都要有一定的目的。译者要充分考虑消费者身处的复杂环境，保证商务广告翻译的准确性。

第二，合法性原则。商业广告在用于商业宣传时是需要符合相关法律法规的，许多国家因此建立了完善的商标法，可见，在对商标进行翻译时，译者需要进行全面考虑。例如，中国许多品牌的名字都是借鉴地名的，但是英国商标法则明确指出商标中是不能含有地名的，这就要求译者在翻译商标时要格外注意这些不同国家的法律问题。

第三，文化适应原则。原文读者与译文读者由于生长的地理、文化环境不同，其往往会产生不同的思维习惯与表达特点，因此在对同一条广告的认知上一般会产生不同的感受，这就要求广告译者需要了解两国的民族心理、文化风俗习惯等内容，只有这样，译者的翻译才能被译文读者所理解。广告是一种重要的宣传手段，从其自身层面上来说，它本身就是一种文化，因此译者在翻译广告时必须熟悉不同国家的文化。

第四，准确原则。商务广告最主要的一个功能就是在对商品进行全面介绍的基础上扩大其传播范围，从而激发消费者的购买欲望，触发其购买行为。所以从这里可以看出，如果要想实现商务广告的这一功能，先需要做到译文的"准确"。译者在翻译商务广告时必须考虑译文的准确性问题，这是因为一旦译者理解错了源语信息导致译入语错误，那么肯定会失去广告原本的效果。且错误的广告信息很可能会对消费者产生误导，更重要的是，还可能会给商家的形象以及信誉蒙上一层阴影，甚至商家还需要承担较大的经济损失。所以，译者在进行商务广告翻译时，先要做的就是调查产品，在全面掌握产品情况的基础上进行翻译。

第五，易记原则。商务广告就是要让更多的人了解广告中宣传的产品，提高产品的知名度，因此，其需要达到"易记"的效果。在进行商务广告翻译时，译者要保证译文通俗易懂、生动，这样消费者可以对产品产生共鸣，同时也会在一定程度上激发他们对产品的联想，这样的一条广告必然会使人印象深刻。例如，Eat fresh. 这是一条快餐店广告，该广告非常简洁，但又非常生动，直接就道出了快餐店可以让消费者吃到最新鲜食物的主题。

第六，委婉原则。在人类社会发展进程中出现了许多语言现象，委婉语就是其中之一，它的出现有效改善了复杂的社会人际关系，让社会呈现出一派祥和的画面。不仅在日常生活中，委婉语使用普遍，在商务广告中，委婉语的使用也非常频繁。因为有些广告如果讲解产品太直白，很可能会引起消费者的反感，因此，利用委婉语可以有效地降低这种反感的程度。所以在对一些相对"敏感"的广告进行翻译时，译者一定要考虑广告商家的情况，在结合本民族语言表达习惯与丰富习惯特点的基础上，灵活使用委婉语，这样译出的广告不仅能实现受众与产品的良好交流，而且还能降低产品的敏感度，达到了婉转的效果。

（3）商务广告翻译的方法。众所周知，广告语的功能和作用十分强大，它不仅具有较强的经济效益，还有一定的文化宣传和审美的功能。因此译者在翻译广告语时要灵活地采用各种不同的翻译策略。

第一，直译。直译就是指译者在进行具体翻译时考虑了原文的形式与内容，采用与原文内容以及风格都对应的方式翻译，这样的翻译方法能够使译文更加符合原文，使读者充分了解其他国家的文化和历史等。例：

例1：Poetry in motion, dancing close to me. ——Toyota

译文：动态的诗，向我舞近。——丰田

例2：We lead, Others copy. ——Ricoh

译文：我们领先，他人仿效。——理光复印机

然而，虽然直译有对原文忠实程度很高的优点，但是这样的译文往往听起来枯燥，缺乏广告语应该有的灵气、流畅性和可读性，很难打动观众。此外，这样的译法还有可能在两国文化有影响的情况下，导致消费者的不良印象以及对产品的排斥。

第二，意译。不与原文在形式上保持一致，而是译者在充分理解原文的基础上结合广告受众的心理以及文化习惯等进行翻译，这种翻译的方法更加灵活，需要译者具备较高的翻译技巧，因而意译的作品语言更加优美，更加易于读者的理解。例：

例1：Ideas for life! ——Panasonic

译文：联想创造生活！——松下

例2：Make yourself heard. ——Ericson

译文：理解就是沟通。——爱立信

这些译文表面和原文不甚对应，细读之下译者并不曾增加或删减原文的内容，故其翻译不失原文精髓。

第三，创译法。依据原因的不同，可对创译进行分类，它可以分为强制性创译与选择性创译，一般而言，强制性创译是指目的语中并没有与原文相同或相似的表达，因此需要通过创造进行翻译。例如，在李善兰和英国传教士 A. 韦廉臣所著的《植物学》这本书中，有很多词汇是汉语表达中没有的词汇，因而李善兰就在这本著作中创译出了很多新的名词，如"植物学"等。随着越来越多的人学习和认可这本著作，就会有越来越多的人熟悉并认可这种固定的词汇搭配。需要强调的是，选择性创译并不是译者要翻译出新的词汇，它只不过是一种特殊的翻译手段。具体而言，当译者在翻译广告的时候，译者发现原文的广告语平淡，没有吸引力，这时译者就可以适当地采用选择性创译的方式来翻译原文广告，从而吸引读者的注意力，并赋予广告语新的内涵等。

例1：北京欢迎你。

译文：We are ready.

普通人可能会认为北京欢迎你翻译成"Welcome to Beijing"是极其恰当的，但是此处却进行了创造性翻译，将其翻译成"We are ready"，突出了中国人民对奥运所做的不仅

仅是简单的迎来送往，而是在物质、安全乃至环境方面都投入了巨大成本，使内外宾客放心而来。此外，简单的翻译，读起来朗朗上口，简单易记，实践证明该句广告在奥运期间广为传播，使用效果良好。

例2：Things go better with Coca-Cola.——Coca-Cola

译文：饮可口可乐，万事如意。——可口可乐

例3：Intel Pentium: Intel Inside.——Intel Pentium

译文：给电脑一颗奔腾的"芯"。——英特尔奔腾处理器

通过上述解析可以发现，有些译文补充了相关信息，有些译文则删除了一些信息，甚至更改了部分语句，这使得新的译文框架已经与原文并不一致，它是译者重新创造的产物。这里的创造是从广告英语的特殊性出发的，这样的创造能让翻译彻底摆脱形式上的限制，追求内在精髓的统一。如果从读者的角度来看，这种译文也是成功的，能为读者所接受。

第四，零译法。零译法与不译是不一样的，它主要是人们现代的交往观念随着时代的变化而产生的变化。经济全球化进程不断推进，在各国频繁进行经济交流的过程中，文化交流也被提上日程，因而人们开始熟悉和接纳其他的文化符号，这就为零译法法的出现奠定了重要的基础。零译法的发展经历了几个不同的阶段，即音译和移植，不过，严格而言，零译法就是一种对移植的翻译形式的选择，换言之，在翻译过程中，译者不对外文符号进行处理，而是将其直接应用在译文中。在全球化背景下，移植不仅加强了各国之间的文化交流，而且还让各国逐渐意识到各国文化是可以互相补充发展的。在商品品牌翻译中也存在许多零译现象，如我们非常熟悉的"LG"。

第五，套译法。所谓套译法就是指译者在充分熟悉和理解原文的基础上采用某种固定的模式来翻译原文，它翻译的前提就是译者要准确表达出原文的意思。简而言之，套译法就是指译者在翻译的过程中采用模板进行翻译。套译法有很多优势，它不仅能够使译文读起来朗朗上口，更重要的是，因为译文符合目的语读者的阅读习惯，所以它还让读者乐于阅读译文内容，并记住所阅读的内容。通过套译法翻译出来的译文能强化读者的记忆，所以在广告翻译中的应用比较普遍。

例1：Apple thinks different.——Apple

译文：苹果电脑，不同凡"想"。——苹果电脑

上述例句中原文的意思是"苹果和其他人的思维模式不同"，而译文则重点突出"想"这个字，使人们看到苹果的优势以及与众不同。

例2：Kids can't wait.——Apple

译文：不尝不知道，苹果真奇妙。——苹果公司

4. 商标的翻译

随着世界一体化的不断推进，我国与世界各国之间的联系变得日益密切，中国也有很多优质的产品在世界范围内受到欢迎，在这个过程中，商标发挥了重要的作用。商标可以起到很好地宣传产品或者服务的功能，它能够加深消费者对于产品的印象和好感，这要求译者在翻译商标时要综合考虑各项因素，不仅要考虑商标本身的价值以及意义，还要考虑产品或者服务使用者的心理以及消费习惯。

（1）商标的类别。

第一，商品商标和服务商标。人们可以根据商标的使用对象差异将商标划分为两大类，即第一类，商品商标；第二类，服务商标。其中，商品商标主要贴在商品的包装上面，它的主要功能就是让消费者了解和区分不同的商品，而服务商标则是用于标记服务的项目。

第二，注册商标与未注册商标。人们可以根据商标是否在相关的部门进行注册来划分商标，即它包括注册商标和未注册商标。所谓注册商标就是指该商标已经在相关的部门注册备案，而那些未注册的商标则没有在相关的部门注册备案，它只能供商品权人使用。

第三，驰名商标。人们可以根据商标的知名度来划分商标，它一共可以分为两大类，第一类是普通商标，第二类是驰名商标。这二者比较容易划分，那些在较大领域和范围中具有较强影响力和知名度的商标就是驰名商标，反之就是普通商标。从法律的角度进行解析，我国的法律更加重视保护驰名商标的相关利益，不允许其他组织注册和使用已有的驰名商标。

（2）商标的作用。

众所周知，在市场经济中，商品的生产、流通以及销售等各个环节都离不开商标，由此可见，商标发挥着重要的作用。下面主要从三个方面来具体解析品牌的商标对于品牌的意义以及其作用。

第一，区别商品的生产者、经营者、服务者、进货来源及档次。在任何领域中，相同种类的商品往往会有多个不同的生产厂家以及生产商，这时消费者往往通过商品的商标信息来辨别商品的生产者、经营者等信息，以便于消费者精心选购其心目中的名牌产品及有良好信誉的生产者或经营者的产品。此外，商标往往还能说明产品的档次，如汽车中的奔驰和宝马代表德国产的高档车，而丰田则代表日本产的中档车。

第二，代表商品质量和服务质量。在日常生活中，购买产品的消费者通常都会把产品的品质和产品的商标联系起来，他们认为那些产品商标与产品的质量是成正比的。因此，商标一般是产品质量的象征和生产企业的商誉。在目前的国际贸易中，有很大比例的交易是凭商标进行买卖的。

第三，有助于商品和服务的广告宣传。一个好的商标设计，往往图形醒目、文字简练，便于消费者识别和记忆。当生产厂家利用其商标来宣传自己的产品时往往能够取得比较理想的宣传效果，因而人们一旦信赖这个品牌以及其商标，人们就愿意购买其相关的产品，这种宣传的效果远远要比烦琐的文字更加鲜明，它能够使消费者更加信赖品牌，从而使消费者在购买商品之后能持续性地对该品牌形成依赖。

（3）商标翻译的原则。

第一，准确的原则。人们在日常生活中能够看到很多商标，有一些十分成功的商标已经在人们的脑海中根深蒂固，对人们的思想和选择产生了重要的影响。有一些驰名商标的产品，其销量十分可观，产品的质量和品质也可以得到保障，因而人们在选择相同系列的产品时会优先选择那些商品驰名的产品，这就是商标的价值体现。既然商标对于产品的质量以及营销都会产生重要的影响，因而译者在翻译商标时一定要仔细揣摩消费者的消费心理以及实际需求，商标在词语的选择上尽量选择那些寓意美好或者令人十分舒服的字眼，从而使消费者能够一眼注意到这个商标，并使消费者愿意进一步了解商标背后的产品，这样才能够达到实际的营销目的。

例如，可口可乐这款饮料的英文名字是"Coca-Cola"，它在中国市场的最初译名并不是"可口可乐"，因而这款饮料的销售并不是十分理想，后来相关的人员试图把"Coca-Cola"翻译为"可口可乐"，很快这款饮料的销售业绩就有了明显的提升，因为这个商标的翻译十分成功，它不仅在发音上和英语的名字基本保持一致，它的汉语名字也符合中国人的审美心理以及中国人对美好的一种向往。又如，在世界范围内都享誉盛名的领带品牌"Goldlion"，如果译者只是根据该品牌的英文名字意译的话，它的中文商标名字就是"金狮"，然而在汉语的发音中，"金狮"和"金失"的发音比较相似，这就比较容易使消费者产生十分不好的心理感受以及印象，如果把这个英文商标的名字翻译为"金利来"，就十分符合中国人的消费心理，而且这个商标的每个汉字都寓意美好，有吉祥、好运来等意思。

其实，在商标的翻译实践中，还有很多的商标在翻译的过程中遵循准确的原则，并且结合不同民族的文化背景，从而使商标的名称发挥其价值。如我国青岛著名的品牌"海信"，它的英文译名就是"Hisense"，实际上，它是由两个不同的英文单词组合而成的名字，即"high""sense"，这个词语的意思就是较高的灵敏度和较高的清晰度。当消费者看到这个英文商标时，他们就会对这个商标产生好感，并愿意进一步了解其相关的产品等。

第二，适应的原则。众所周知，不同的地区和民族，具有不同的文化习惯、处事原则以及态度等，因而每个人都会在不知不觉之中形成特定的文化感知习惯。这种长时间形成的感知习惯会对人的很多方面产生较大的影响，如人的价值观念、审美标准以及消费选择等。因而译者在具体的商标翻译实践中必须遵循适应的原则，即译者在翻译时要充分考虑目的语消费者的语言表达习惯、文化氛围以及他们的审美理念等，而不能把商标的名字直译，直译商标的名字会产生很多难以想象的后果。

例如，在中国，"Peacock"，即孔雀是一种深受中国人喜爱的鸟类，它的羽毛十分漂亮，很多人都喜欢购买带有孔雀图案的饰品或者衣服等，然而在法国，法国人却对孔雀有十分不好的印象，在法国人的文化和观念中，孔雀代表着骄傲、炫耀等思想，因而不受人们的欢迎。又如，在中国有一款十分受欢迎的电扇，其商标为"蝙蝠"，在汉语中，由于蝙蝠中的"蝠"和"福"字的发音相同，因而很多人认为蝙蝠是一种十分吉祥、能够给人们带来福气的小动物，然而在西方国家，他们认为蝙蝠这种小动物非常吓人，难以接受以这个名字命名的商标产品。总而言之，译者在翻译商标时要遵循适应的原则，多熟悉和了解其他国家和民族的文化。

第三，简洁的原则。商标名称翻译应该力求简洁，简洁的形式能让消费者一眼就记住，也能有助于广告的传播，从而让更多的人认识产品。一般而言，英美国家的不少商标多为两三个音节，所以按照音译法译成中文时比较容易做到节奏连贯自然，如 Kodak（柯达）、Simens（西门子）等。但是，比较而言，中文商标由于受汉语发音影响，音节繁多，如果采取音译法翻译，对英美及其他国家消费者而言，这种商标译名就是看不懂、念不出的一连串符号，无法发挥商标的宣传作用。如"正大青春宝片"按照音译法译成"Zheng Da Qing Chun Bao Tablet"，必然会使消费者不知所云，成为中文商标英译的失误。

另有些译名，虽不是简单采用音译，但没有注意文字的简洁，也不能说其非常成功。如"云山"译为 Cloud and mountain，"红梅"译为 Red Plum blossom，这样的翻译很难突出产品的特征，也不具备商标的特征。而中国知名的儿童护肤品牌"美加净"在翻译中重视上述问题，译者将"美加净"的英文名字翻译为"MAXAM"，商标十分简洁，易于受众的记忆，又如译者将河南省知名的"新飞"翻译为"Frestech"，这种商标的翻译不仅简洁、符合品牌的形象，也有利于西方人的理解和记忆。

第四，等效的原则。众所周知，在任何一件商品的生产、营销、流通的过程中，商标都发挥着十分重要的作用，它能够宣传产品，让更多的人了解这个品牌，加深受众对品牌的认识，因而好的商标能够强烈地吸引消费者的注意，激发消费者的购买欲望，而译者在翻译商标的过程中最重要的就是遵循功能对等的原则，即等效的原则。从严复的"信、达、雅"到鲁迅的"宁信而不顺"，再发展到后来傅雷的"神似、形似"这些不同观点的提出，在一定程度上标明了翻译活动所遵循的对等原则在实际操作中具有相当的难度，更多是一种努力的方向，而不是翻译的现实。

在最初的时候，译者开展翻译工作主要就是为了使原文与译文在各个方面都保持对等，即保持信息方面的对等、风格方面的对等以及语言方面的对等。人们衡量译者的翻译水平的主要依据就是读者阅读译文之后的反应和感受。在商标的翻译中，译者也要重视消费者对商标译名的看法和感受，这样才能符合商标的功能对等原则。从这个层面进行解析，我们认为译者在翻译商标的过程中应该遵循等效原则理论。换言之，译者在翻译商标时需要遵循的指导性原则就是等效原则，即译者在翻译商标时具有较大的自由度，译者要重视就是商标的语用等效，因而译者在翻译时可以适当变通，不用刻意追求原文商标与译名商标在各个方面都保持对等，那是很难实现的，而且可能会影响商标的翻译效果。

众所周知，在中国，"杜康"是一种十分知名的酒的商标，而且在汉语的表达中，"杜康"也有很美好的寓意，即利用"杜"和"肚"的谐音寓意"好酒下肚（杜），平安健康"。因此杜康酒在中国也十分畅销。对于西方人而言，他们没有听说过这个品牌的白酒，如果译者直接按照音译的方法把"杜康"翻译为"Dukang"这个商标时，西方人就会感到十分迷惑，不明白这些毫无联系的字母组合的含义，因而也很难起到较好的宣传效果。这时译者就可以变通地翻译，译者选择了西方文化中人们普遍接受和喜爱的神话故事形象来翻译杜康，即译者可以用酒神的名字"Bacchus"来翻译"杜康"，这就达到了语用对等的目的和效果，也能间接地消除西方人的疑惑。

（4）商标翻译中的文化现象。

第一，文化差异对商标翻译的影响。

一是思维方式差异对商标翻译的影响。众所周知，中国和西方各个国家之间的文化存在较大的差异，尤其是中西方的思维方式也存在较大的差异，具体而言，中国人的思维更加倾向于形象的思维，中国人更加愿意接受比较形象化的事物，而西方人的思维则更加倾向于抽象的思维，西方人更加愿意接受比较抽象化的事物，所以译者在翻译过程中要重视东西方人思维上的差异，从而避免出现文化的影响和消极的影响。在具体的商标翻译实践中，当译者把英语的商标翻译成为中文的商标时，译者一定要将商标进行感性处理，从而使中文的商标更加符合中国人的思维方式，如"Coca-Cola"，译者把它翻译为"可口可乐"，就能给中国人一种阖家团圆、圆满快乐的感觉，符合中国人的思维方式，因而也能受到中国人的喜爱。

二是社会价值观差异对商标翻译的影响。中西方文化之间的差异不仅体现在思维方式的层面，它还体现在社会价值观层面，因而译者在翻译商标时不仅要看商标语的字面意思，还要考虑社会价值观等因素对翻译的影响。例如，中国的上海地区有一款深受消费者喜爱的钢笔品牌，即我国知名的白翎钢笔，它之所以深受消费者喜爱是因为这款钢笔的质量不仅非常好，它的价格也比较公道，不是很昂贵。然而当这个钢笔企业把市场推向国际市场时，它的销售却不尽如人意，究其原因，就是因为它在国外的商标翻译有问题。在国外的市场，译者将"白翎钢笔"直接翻译为"White Feather"，这个单词在西方人的价值观中就是懦弱的意思，因而西方人看到这样商标的钢笔产品自然不会买单。此外，在西方人的价值观中，他们推崇个人主义，因而西方出现了很多以个人的名字来命名的商品，而在中国人的价值观中，中国人推崇集体主义，因而中国会出现很多推崇集体主义的商品名称，如著名的汽车品牌"大众"等。

总而言之，在企业以及品牌的营销中，商标发挥着十分重要的作用，译者在翻译商标时要综合考虑多种因素，这样才能使商标更加符合当地人的心理，受到当地人的喜爱。

第二，商标翻译中的文化原则。

一是语境原则。在跨文化翻译的过程中，译者应该多考虑文本所处的具体语境，只有对语境进行深入解析，才能明确交际双方的具体任务，从而做好语言的转换工作。但是对于一些译者而言，他们在翻译的时候却往往不注重文化语境，翻译的程度不够，有时甚至还会导致误译。有些译者过于追求句法的完美，但是却脱离了固定的语境，这显然也是不利于提高译文质量的。在翻译的时候，语境因素是非常重要的，所以在具体的翻译实践中，译者应该重视对语境的翻译。

二是意义原则。处于不同文化背景下的人对于同一个事物的认识与理解是不同的，所以在进行跨文化交际的时候必须清楚地表达出自己的意思，并且在表达的时候应该充分考虑语境因素，实现意义的对等转换。在翻译商标的时候，译者应该注重将原商标的意思展示出来，同时还应该考虑具体的语境因素，尽量实现原商标与翻译商标意义的对等。在跨文化交际的过程中，人们希望通过使用不同的语言，从而达到意义上的"融合"，在翻译商标的时候，对译者的要求就会更高一些。

三是禁忌原则。由于人们所处的文化背景不同，不同的文化有自己独特的禁忌，在翻译商标的时候就应该注意文化禁忌，如果一个译者不清楚某个地方的禁忌的话，显然会影响产品的销路，甚至会出现群体抵制这种产品的现象，这就会伤害彼此之间的情感，在跨文化交际的过程中，交际双方应该对彼此的禁忌有更清晰的了解，从而让产品拥有更好的销路。

（5）商标翻译的常见方法。

第一，符合目标市场的文化特点。不同国家的人拥有不同的文化背景以及消费习惯，同时他们对事物的理解程度也是不同的。1921年创立的"白象"牌电池在其推出国外市场时，曾命名为"White Elephant Battery"，不料其销量极差。公司经过调查才发现，原来"白象"在英语国家中的意思并不好，指一些比较累赘而且非常昂贵的大东西，由于西方文化中并不认同白象的汉语意思，所以西方人也不认同白象电池。1961年，可口可乐公司推出了一款名为Sprite的柠檬味饮料——Sprite，在这款饮料进入中国市场之前，公司需要确定中文翻译，但是公司发现在汉语中"sprite"有"魔鬼"的意思，很显然，中国人是不喜欢这个单词的，如果用"sprite"命名产品，显然不会取得很好的效果，所以经过公司管理层的讨论，"sprite"最后被翻译成了"雪碧"，而且这一译文对饮料的宣传起到了重要的作用，在宣传上可口可乐公司主打"清凉"，作为一种饮料，也恰恰符合其实用性，所以雪碧在中国实现了较大的销量。

所以，译者在进行商标翻译时，不能单纯地依靠自己的主观臆断，而是应该从目标市场的文化出发，考虑译文是否符合目标市场文化，这样商标的翻译才具备合理性，才能帮助企业创造较大的经济效益。

第二，符合目标消费者的审美情趣。我们在表达美好祝愿的时候，经常会用到"福"这个字，不管是"幸福""福气""福字"等都表达着一种美好的寓意，在珠宝领域，人们也喜欢用"福"字。例如我们中国人都非常熟悉的珠宝品牌"金六福""周大福"。而西方人有着很多神话，他们非常崇尚这些神，所以一些珠宝品牌就用神的名字命名，"Pandora"（潘多拉）就是最具代表性的例子。

第三，符合目标市场的表达习惯。在价值蕴含与数字表达上，东西方也有着显著的差异。东西方对同一个数字"13"的理解就有着明显的不同，在西方人看来，13 是一个非常不好的数字，非常不吉利，所以西方人都非常避讳这个数字，但是在中国的文化中，这个词并没有不同，王守义十三香中就有"十三"这个词，代表了这种调料中含有的成分是多种多样的，在西方如果想让这个产品打开市场，就不能翻译出十三的意思，而应该翻译为"Shi San Xiang"。

（6）商标翻译的语用策略。在识别商品时，往往会用到商标，商标对人们的日常生活会产生深远的影响，如果产品拥有一个良好的商标，那么就会帮助其打开销路，甚至会风行全球，如果商标的名字不好，则会影响产品的销量。

第一，突出商标的表意功能。在翻译商标的时候，应该明确商标的表意功能，只有这样才能树立商标的形象，并且体现出商品的特色。

第二，展示民族文化，把握联想意义。我们可以将商标看成是展示自己民族文化的一个窗口，通过展示可以促进中西方文化的交流。在翻译商标的时候应该尽量凸显出民族的风格，并且展示出民族的特色，从而加深消费者对商标的了解程度，从而增加购买需求。英国有一家食品公司，公司的商标为 Anchor，该单词的本意是船锚，预示着产品稳定的质量，在译成中文的时候，将其译为了"安可"，这样就拥有了简明的联想意义。还有一种橡胶轮胎的商标是 Goodyear，这是为了纪念硫化橡胶的发明人 Charles Goodyear，于是用了他的姓氏作为商标，但是，在翻译的时候，如果将其简单译为"古德伊尔"显然难以引发人们的联想，所以译者在翻译的时候将其译为了"固特异"，不仅保留了原来商标的读音，并且还让人感觉到商品是耐用的。

第三，取吉求利，迎合消费者心理。一个好的商标名，能够对消费者的心理产生极大的影响，为了让商标拥有一个更好的译名，在翻译的时候译者就应该仔细斟酌，从而选择出一个最好的词语。在西方，Bowling 是人们常用的一种运动器材，译者在翻译的时候将其音译为了"保龄"球，常参与该项运动，能够让人更健康，并且"保龄"还有"益寿"的意思，所以非常符合大众的心理，从而获得了人们的喜欢。还有自行车品牌 Giant 在国外也非常受人欢迎，其字面意思是"巨人"，将其音译为捷安特之后，就能让人对其性能更加放心，从而迎合了消费者的心理。

第四，切准市场定位，追求新的商业观念。在一定程度上，商标能够反映出商品的定位以及消费群体，所以在翻译商标的时候应该立足于商品的销售对象，从他们的立场以及喜好出发进行翻译，这样就可起到促进销售的作用。化妆品 Avon（雅芳）、Arche（雅倩）中的"雅"字是非常受中国女性欢迎的，"雅"意味着"优雅""雅致""典雅"等，让人感到使用该化妆品的女性是非常有品位的，从而会吸引一些顾客购买。Safeguard 在国外销量很好，在将其译为"舒肤佳"之后在我国的销售情况也很火爆。

第五，注意文化移情，符合审美心理。在翻译商标的时候，译者应该秉承"易读易记"的翻译原则，一般而言，汉译的商标可以采用两个字或者三个字，这种翻译方式还是比较常见的。从汽车领域来看，不管是"奔驰"还是"保时捷"都会给人一种高贵、美好的感觉；从餐饮领域来看，"全聚德""麦当劳"也都各具特色，很显然，译者在翻译的时候，就应该多注意文化的移情作用，尽力使翻译出的单词能够激发消费者猎奇的心理，从而为产品打开销路。

Transformer（变形金刚）这种玩具能够起到开发儿童智力的作用，所以受到了小朋友的喜爱，Transform（变形）指的是这种玩具能拥有不同的组合方式，并且可以拼成不同的形状，把"er"翻译为"金刚"，比喻这种玩具拥有如同金刚般强大的武艺，这显然就成了儿童心目中最好的玩具，吸引了很多小朋友的目光。

总而言之，在不同的文化背景下，人们对同一种事物的看法是不同的，那么能否跨越文化障碍成功进行翻译就是译者所必须着重考虑的问题，这显然会影响产品的销量，所以从社会学的角度出发进行考虑，提高民众的社会语用水平。

5. 商务信函的翻译

不同厂家之间交流业务、沟通感情经常会用到各种函件，这就是我们所说的商务信函，这种商务信函一方面能起到商务交流的作用；另一方面也能起到传播商业文化的作用。如果通过商务信函对交易的内容和条款达成协议后，以此制定的相应合同中的条款就不能再作改变；如果交易双方因为某些问题出现了纠纷，则需要检查双方所有往来的信件，以明确纠纷的原因与责任方。所以，从这个方面上来看，商务信函还是纠纷的证据。商务信函通常一事一信，以便于管理，避免混淆。

（1）商务信函的格式解析。了解商务信函的格式，是书写商务信函的第一步，对于译者也是必要的。一般而言，商务信函的格式主要有三种：①齐头式要求信件格式的对应性，便于打字，不易出错，美国人采用较多；②缩进式要求信内地址各行依次往右缩进，正文各段落首词向右缩进 5 个字母，签名部分顺次靠右，其优点是各部分信息清晰，易于阅读，英国人采用较多；③改良齐头式则结合了齐头式和缩进式两者的优点。但是，不管是怎样的格式，不同的部分都以空行的方式隔开。

（2）商务信函的要素组成。

第一，信头部分。

一是信头部分要有发信人的地址。如使用公司印好的信笺纸，公司的名称、地址、电话号码、邮箱、传真等信息都是现成的。若要自己书写，则应该按照约定的顺序，这个顺序为门牌号码—街道—城市—国名。如果与自己非常熟悉的人联系，地址就可以省略。

二是日期。

美式写法：月/日/年，例如"November12, 2022"。

英式写法：日/月/年，例如"12 th November 2022"。

注意，不要全部用数字来书写日期。

三是参考文号。文号或编号的作用是将前一封信件与该回复联系起来，确保信件准确地送达相关部门和人员手中。在信头的下方，信内地址的上方，一般都会留有 Ref No. 的空位。

第二，开头部分。

一是收件人及地址。收件人地址包括的内容非常丰富，有收件人姓名、公司名称、城市名、邮政编码等，不过，这并不意味着所有的内容都必须写上，书写者可以根据具体的情况自行选择。如 Mr J.Trump；Production Manager；Vice Power Inc.

二是经办人（Attention line；ATTN）。经办人有多种写法：MS.Jane Harper；Attention：The Sales Manager。如果收件人地址已写明，就不用加写这一行。此外，Attention 的对象应与信封上的收信人相同。

三是称谓。即写信人对收信人的称呼。如果不知对方的性别，那就写"Ladies and Gentlemen"或"Dear Sir or Madam"。

第三，正文部分。

一是，信函的称谓下面可以加上一行"主旨"，作为信件的标题。加上主旨有助于读者立刻了解信件的主题。主旨必须简明扼要，让人一目了然。主旨的写法有以下方面。

Re：Information Technologies Conference

Subject：Information Technologies Conference

SUBJECT：Information Technologies Conference

二是信件正文。信件有很多要素组成，信件正文是信件最主要的内容，包括开头语、正文、结束语等。书写时要注意将信息有效地传达给对方。

第四，结尾部分。信件的结尾部分一般包括以下七个方面：

一是结尾敬辞（Complimentary Close）。需要在结尾处的敬辞后面加上逗号，同时敬辞的第一个字母必须大写。需要指出的是，还有一种收件人姓名不明确的情况，这时书写者就可以采取以下格式：Dear Sir/Madam. 如果知道收件人的姓名，则可以使用以下格式：Yours sincerely/Yours truly.

二是亲笔签名（Hand-written signature）。采用亲笔签名一是为了表明信件的执笔者愿意为信件的内容承担责任，二是为了防止他人冒名顶替。

三是公司或职位（打字），即 Title（typed）。如果以公司的名义签署信件，则应先打上公司的名称，用大写字母，再由公司授权人名，再打上其头衔。如 PAN AMERCIAN ELECTRONIC CORPORATION；Robert B Lodge（Signed）。若公司没有授权该人签署信函，则在名字前加 By 或 Per，或者在公司名称前加 For。

四是鉴别符号（写信人和打字者的姓名缩写）。如果打字者与执笔人并不是同一人时，就应该取其姓名的首字母进行缩写。

五是附件（Enclosure；Enc.；Encl.）。如果只有一个附件就可以用 Encl. 来表示，如果有多个附件，则用以下表示方式：Enclosures（3）；Enc（3）。

六是抄送（Carbon Copy；C.C.）。若信件要送给收件人之外的其他人，则将该人姓名或部门写在后面。

七是附言（Postscript；PS.）。补充叙述附加项目时可以使用，但有时却是要提醒对方注意。附言部分一般放在 C.C. 的后面。没有特别需要补充和提醒注意的项目时，尽量避免使用。

通过解析以上商务信函的基本要素，可以看出收件人地址、寄件人地址、称呼、签名等这几项都是必不可少的要素，其他的部分则应该根据具体的情况进行应对，一般而言收件人和寄件人的地址都应该写在信封上。

（3）商务信函的语言特点。商务英语信函与一般书信有共性，但由于其又具有一定的特殊性，因而从性质上来说，它又兼具公务与法律文书的特点。用词上多使用书面语、专业词汇，缩略词；句式上具有严密、准确、礼貌的特征，表现在语言结构上就是多使用结构复杂完整的长句、被动句及委婉、礼貌的句式等，语言表达程式化。

第一，商务英语信函的词汇特征。

一是多用专业词汇。商务活动是比较正式的活动，这使得商务英语也非常正式，所以它的专业性非常强，对于词汇的选择要求极高，要求词汇非常精确。因此商务英语中充斥着大量的专业词汇，且这些词汇在具体的商务语境中还存在不少特殊的用法。由于商务信函是对外的，它具有涉外性质，因此要求专业术语的意思必须固定，只有这样才能保证所有人都清楚词汇的含义。例如，coverage 在商务英语中是险别的意思，而 premium 在商务英语中则是保险费的意思。

例：In addition to the liability covered the aforesaid total loss and with average insurance, this company shall also be liable for the total, or partial loss of the insured goods caused by shortage, shortage in weight, leakage, breakage, hook, rainwater, rust, wetting, heating, mould, tainting by odor, contamination, etc.arising from external causes on the transit.

译文：本公司除了承担全损险和水渍险的责任，还会对被保险货物在运输中由于受客观因素影响而造成的全部或部分损失也会负有赔偿责任，这些损失通常包括短少、短量、渗漏、破损、钩损、雨淋、生锈、受潮、受热、发霉、串味、玷污等。

在外贸实务中，货物经由海上运输，可能会由于各种海损（average）或意外造成损伤。基于此，买卖双方均会办理运输保险。而上句中提到的 total loss（全损）是海损的一种，还有一种叫作 partial loss（部分损）。"with average insurance"（水渍险）又称单独海损险。所以，译者平时应该多积累补充外贸实务方面的知识。英文当中有些普通词汇在商务交流中有了专业词义。

例如，"draft"一词在一般英语中的意思为草稿，而在商务英语中，其意思就变为"汇票"；"ceiling"一词在一般英语中的意思为天花板，而在商务英语中，其意思就变为"最高费用"。这些普通的英语词汇在商务英语中就展现了其专业术语的属性。为了更好地进行商务英语翻译，译者在日常学习生活中要注意积累这些专业术语。翻译时，通过解析上下文，确定词语的正确含义，按照约定俗成的译法，做到专业规范。

二是大量使用缩略词。例：In view of the amount of this transaction being very small, we are prepared to accept payment by D/P at sight（at 60 days sight）for the value of the goods shipped.

译文：因为这笔交易的金额并不大，因此，我们可接受使用即期付款交单的方式来支付货款的方式，也可以接受 60 天的远期付款交单的方式。

DP 在商务英语中是一个专业术语，它是"documents against payment"的缩写，表示的意思为"付款交单"，这是国际上普遍认可的一种支付方式。这种方式具体的操作程序为：当所有的票款付清之后，单据交给付款人，这种方式在商务经济活动中经常使用，因为它有效地维护了卖方，降低卖方的风险。

三是多用书面语。在商务活动的每一个环节中都存在商务信函，商务信函具有严谨性、严肃性，它既具有法律文体的特性，又具有公文文体的特性。所以，在词汇的选择上，一般不使用口语词汇和一些基本词汇，多用书面词汇代替它们。例如

＋用 dispatch 代替 send。另外，还经常使用短语将一些比较简单的介词与连词替代下来，这样就增加了句式的严谨性。

例：We are pleased to inform you that your order No.228 has been dispatched in accordance with your instruction.

译文：我们非常高兴地通知你方：第 228 号订单货物已经按照你方的具体指示发出了。

句中使用的是 inform 替代 tell, dispatched 替代 send, in accordance with 替代 by，用词正式。

四是。多采用礼貌、委婉语。商务活动开展的目的就是要实现商务合作，使交易双方都能达成自己的利益目标，所以他们会利用商务信函来增进商务关系。同时，交易双方一定要注重信函的语气，语气要婉转，这样才能营造一个和谐的合作氛围，增进彼此的情感。即使是在人们日常的生活交流中，礼貌都会让人心情舒畅，因此对于企业来说，在商务信函中保持足够的礼貌是有利于企业形象的树立与维护的，更重要的是，良好的企业形象还能促进贸易关系的快速建立以及持续。

在商务信函中，委婉语被经常使用。一方面，使用委婉语可以较为委婉地拒绝对方不合理的要求，同时也不会使双方关系闹僵；另一方面，还能使双方继续保持良好的贸易关系。因此，在商务信函中，双方要注意用词礼貌、委婉，使彼此都能感受到合作的诚意，从而促进商务合作的高效实现。

首先，使用礼貌客气的措辞。商务信函写作中的礼貌词汇与句式是其最基本的内容，比较常见的词汇与句式主要有：Thank you for...，We regret to....，We are very sorry to...。

例：We would Appreciate it if you let us know the ruling prices of the goods.

译文：如果能让我们知道该商品的现行价格，我们将不胜感激。

其次，多用情态动词。表达委婉、礼貌的语气，最常用、经济的实现方法就是使用情态动词，因此商务英语信函存在大量的情态动词。不同的情态动词可以表示不同的语气，可以表示意愿、承诺，也可以表示预测、能力等。would 可以表示一种礼貌、委婉的语气，因此在商务信函中使用 would 可以规避一些不必要的摩擦，也能实现双方的互惠互利。

例：We would like you to hasten shipment upon receipt of this letter.

译文：我方希望贵公司收到此信后，尽快交货。

第二，商务英语信函的句法特征。

一是多用陈述句。商务英语信函的双方是在同一种经济活动中存在的贸易伙伴，二者从地位上来说是平等的，当一方想要另一方作出某些改变的时候，其通常会用陈述句来表达。

在商务英语信函中，陈述句的使用非常普遍，它一般会呈现两方面的内容：一是单纯地论述一个事实；二是表达写信人自己的看法。陈述句在商务英语信函中的重要性还体现在不少商务文件中，它都广泛存在，如投诉、报盘、招标合同等。因此，以下面的投诉信为例揭示陈述句的重要性。

尊敬的先生：

装运单证已按时收到，并已在"伊莎贝拉"号到达汉堡时提取货物。

对于贵方迅速处理这一订单，我方非常感激。除了第71号货箱，一切都很让人满意。

在开启71号货箱时，我们发现箱中的货物并不是我们订购的，对此我们表示非常遗憾。但我们认为这应该只是一个错误，这些货物应该是属于其他订单的。

因为我们需要把从你方订购的货物交给我们的新客户，所以我们不得不要求你方现在马上安排发货事宜。现在，我们把71号货箱所包括的所有货物的清单奉上，希望你方可以按照清单仔细核对贵方发票副本。

在核对期间，我方将会暂时替你方保管这些货物，等待贵方的处理，并希望贵方能及时将处理方案告知我方。

敬上

在这封投诉信里，写信人心平气和地说明了问题，并对投诉表示遗憾，表示此类事件并非自己所愿。全篇都用了陈述句，语气温和地将事实陈述得清清楚楚。

二是，适当使用祈使句。在商务信函中还可以使用祈使句，祈使句不仅能表示请求，也可以劝告与命令等，祈使句的使用能提高对方的接受度。在商务信函中使用陈述句来向对方提出要求，可能会让对方的接受程度不高，因为陈述句总是会给人一种直接、生硬的感觉，这时就可以用"Please"的祈使句，这样既可以让表述变得非常简洁，而且也更加礼貌。

写信人除了可以使用祈使句向对方提出建议与要求，同时也可以使用疑问句表达，而且，在表达礼貌的程度上，疑问句要优于祈使句。所以，从使用的频率上来看，疑问句要比祈使句的使用频率大。

感叹句虽然能在程度上增强语气，强化表达效果，但是因为商务信函具有严谨性，又重视客观表达，所以感叹句并未在商务信函中大量使用。

三是多用复合句。商务信函主要是为了最后的合同签订进行提前的沟通，所以商务信函涉及的内容非常多，又力求细节，这也要求商务信函必须格式规范、措辞严谨。复合句和并列句则能保证格式的规范以及措辞的严谨，所以在商务信函中经常被使用。

例：Though the price we offer this time is 2 percent higher than that of last time, we hope you can see that these are as low as we can offer considering the constantly rising prices of raw materials.

译文：尽管这次我方报价比上次高2%，考虑到原材料的不断上涨，我们希望你方能理解这是我们的最低价。

复合句与简单句有着显著的差异，从结构层面上说，复合句的结构相对要复杂一些，因而其往往表达比较严谨的内容；而简单句的结构就相对来说比较简单，通常用它来表达一些简洁的内容。

我们不能有这样一个错误的认知，认为商务信函追求的是复杂句，句式越复杂，信函写的质量就越高。实际上，复杂句与简单句在商务信函中是同时存在的。在商务信函中，也需要使用简单句，复合句与简单句的结合才能使商务信函的书写更加合理、规范。

四是常用并列结构。商务信函中也充斥着很多并列结构，一般情况下，这种并列结构需要一些连接词汇进行连接，例如 and 或 or 等词。并列结构能让不同词汇之间的词义得到很好的补充，因此能让商务信函的意思表达得更加精确，容易为人所理解。

五是适当使用虚拟语气。虚拟语气可以表达不同的内容，因此为写商务信函的人经常使用，它不仅可以表达假设、愿望，而且还可以表达请求与建议。

商务英语信函中可以表达虚拟语气的词汇有不少，一般常用的主要有 wish，could 等，这些词汇在积极引导虚拟语气的同时，也表达出了一种委婉的请求。所以，在商务英语信函中使用虚拟语气是必要的，它有利于促进业务的往来。

例：Should the foregoing proposal be acceptable to you, please let us know the specifications and quantity of your order.

译文：如贵方接受上述提议，请惠示订货之规格及数量。

六是巧用疑问句。疑问句通常是以听话人的角度发出的，由于其能够展现出向对方征求意见的口吻，因此会比直接命令或要求更加有礼貌、委婉，而且这种疑问句不仅可以将说话人想要表达的意思完整叙述出来，而且还能给听话人留下表达的空间。

一般情况下，疑问句中运用的不同词汇或者短语结构会出现不同的表达效果，例如，"Could you...? 就表示说话人在表示请求或者询问对方，而 "Might you...?" 相对来说就比较礼貌一些，听话人在听了之后就会非常舒服。

（4）商务信函的翻译标准。商务信函的功能主要体现在两个方面：一个是传递信息；另一个是宣传。基于这两个功能，在制定翻译标准时要做到以下两个方面：

第一，在书写信函时要绝对按照信函的标准进行。按照信函的格式规范进行书写，同时，还要表现出一定的礼貌，这就要求书写者既要了解英语这门语言，同时还要了解语言背后的西方文化。

第二，在书写时还要遵循广告营销标准。通常情况下，为了能使产品为对方所认可，一些商务英语信函中会添加些许广告，这些广告能帮助双方建立长久的合作关系。所以，译者在保证遵循信函标准的基础上，需要清楚地了解一些广告营销的标准，以便书写时能达到最大的广告营销效果，促使交易另一方有强烈的商务合作意愿。

（5）商务信函翻译的原则。语用学包括不少内涵，其中意义是其核心概念，译者应该熟练掌握以下三个翻译原则：

第一，严谨性原则。商务英语信函必须遵守的一个原则就是严谨性原则，这是因为商务活动极其复杂，因而商务信函中所书写的内容恰恰都反映商务活动的各个环节，与商务活动各方有着密切的联系，一旦出现错误，就会造成各方争议，严重的甚至会使各方在经济上产生纠葛。例如，商务信函中列出的数字与日期要绝对准确，当表示日期的前一天为合同彻底结束的时间时可以选择使用"before"这个词。此外，为了让商务信函显得非常庄重、严谨，在翻译时也要注意选择合适的词汇，例如可以选择 hereafter、hereof 等词。

第二，礼貌性原则。商务活动中保持足够的礼貌是基本的原则，这种礼貌不仅要体现在面对面的交流中，而且还要体现在日常的信件往来中。因此，商务英语信函翻译也应当遵循礼貌原则，双方要始终坚定"和气生财"的思想，在保证礼貌的前提下顺利、愉悦地完成商务活动。

在对上述情况的认知之下，商务信函译者一定要将这种礼貌意图完全展现出来，从而使双方可以了解对方在贸易达成上的期望，并最终实现双方在情感上的交流。例如，"You will be able to receive a full refund of deposit if you return the good within a week"这句话，如果译者遵循礼貌原则，就可以将这句话翻译成"如果贵方能够在一周之内就退货的话，那么，就可以获得全部的定金退款"，这种翻译首先从语气上表现出了一种肯定与礼貌，这会让对方感觉到自己是受益的一方，因此，是一个成功的翻译。

第三，专业性原则。商务英语信函翻译涉及的商务环节众多，因此涉及的专业术语也颇多。这给译者的翻译提出了较高的要求，要求译者需要对商务英语信函翻译中经常使用的专业术语做到全面的掌握，在翻译时还能以一种恰当的方式表述出来。例如，"beneficiaries"这个词，它其实是一个法律意义上的词汇，其意思为"受益人"，这种翻译是非常规范的，如果翻译成其他的，就显得不那么专业了，也不符合商务信函的文体特征。

（6）商务信函的翻译方法。

第一，术语翻译规范。商务活动是一种极为复杂的活动，因此商务信函在描述商务活动的各个环节时并不容易，它需要涉及许多内容，不仅要涉及各种各样的单据，还要涉及各种各样的协议与合同等，从这个层面上来说，其就不可避免地涉及商业与贸易领域的术语。

第二，翻译要贴切再现原文的语气。因为商务信函是一种公函语体，因此在词汇、句式选择上要格外严谨，语气上也要更加委婉，需要传递出一种礼貌的氛围。对于商务信函的翻译来说，其不仅要保证翻译内容的准确性、翻译语句的流畅性，而且还要保证译文要符合商务信函的特征。因此，在商务信函写作中，礼貌用语和客气措辞就会使用得非常频繁。一方面，使用礼貌的语言和得体的措辞能够给对方留下良好的印象，创造良好的交流氛围；另一方面，公司形象对于公司的长远发展是非常重要的，因此在商务信函中保持足够的礼貌有利于给贸易伙伴留下好印象，从而有利于贸易的达成，有利于企业形象的建构。

需要指出的是，在具体的商务信函翻译中，有些内容是可以遵循译入语的习惯的，这样可以保证译入语读者能顺畅阅读商务信函，也可以恰当、得体地再现原信函的礼貌语气。不过，这些内容是有选择的，一般为表示感谢、歉意的内容，或者是已经在经贸活动中为大家所熟知的一些行业内容。

（7）商务信函翻译的策略。为了进一步验证基于语用学原理的商务英语信函翻译原则的合理性，译者在翻译过程中，还需要格外重视以下翻译策略：

第一，语义信息的准确与对等。从语用学视角进行商务英语信函翻译活动，首先需要做到的就是保证语义信息的准确对等，只有做到这一点，译者才能将原文的信息准确传递给译文读者，也才能实现双方的准确沟通与交流。一般而言，原文与译入语的信息准确对等包括以下三部分的内容。

一是在翻译过程中遇到专业术语时，译者切不可随意处理，而是要遵循一定的翻译原则进行翻译，倘若译者无法独立做到正确的翻译，其可以查阅一些专业数据，例如，"shipping advice"如果用在与航运业务有关的商务信函中，就会有其对应的意思，表明它是一个专业性极强的术语，译者如果无法对这些专业术语有足够的了解，那么其有可能就会将这个词语翻译成"装运建议"，这就造成了翻译的错误，同时也影响了阅读与理解。

二是对于商务英语信函中的一些重要信息细节，翻译时必须做到绝对准确，例如日期、货品数量等都需要准确，一旦出现错误，就会导致很大的麻烦，严重的甚至会出现经济纠纷，需要诉诸法律途径来解决。

三是在选择词汇时一定要注意歧义问题。在商务英语信函翻译中，词汇的意思与其一般意思有明显的差别，例如，We hereby make a claim with you for the shortage of 1000 kg in the shipment of chemical fertilizer ex.s.s. "Victory"，句中的"shipment"一词有两种含义，一种为"装运"，另一种为"所装载的货物"，译者究竟选择哪种含义需要根据上下文的语境确定，从而选取第二种含义，而且已经知道了货品是花费，因此，就需要在翻译时采取直译的策略，从而有效避免歧义。

第二，语言差异的注意与规避。英汉两种语言形成的背景不同，所处的文化环境不同，因此二者呈现出了显著的差异，在具体的翻译过程中，译者应该以语用学的基本原理为指导，对英汉双语的特点进行转换，这样就能实现更好的翻译。例如，英汉两种语言在表达语序上存在差异，英语的叙述特点为先总结再叙述，而汉语则是先叙述再总结，这是中西方思维方式的不同导致的。

此外，英语句子在表述时也呈现出了不同的特点，英语的句子一般都是句首相对比较封闭，而句尾则比较开放，这明显与汉语句子表达不一样。在语法方面，英汉两种语言也有不少差异，英语多使用被动语态，而汉语句子多为无主句，英汉语言有诸多差异，这些只是冰山一角，译者需要在全面掌握英汉语言差异的前提下，从语用学的角度出发，进行商务英语信函翻译。

第三，文化差异的认知与调整。我们接触语言，能直观了解到其表情达意的功能，除此之外，由于语言是在一定文化土壤中孕育的，所以我们了解语言还需要熟知其背后的文化背景知识。进行商务英语信函翻译的相关人员参与的是一项文化活动，他们也就成了中西方文化交流的媒介，因此其必须对英汉两种语言与文化有足够的了解，只有这样，才能进行更好的翻译。

首先，英汉两种语言在表述人名时差异明显，英语人名先名后姓，而汉语人名则是先姓后名，因此，译者在翻译商务英语信函时，必须注意到两种语言的差异，注意人名翻译的顺序。

其次，英汉两种语言在表述地名时也有所不同，由于地名与贸易各方所处的位置有关，因此，在进行翻译时，译者必须要慎重，就是遇到一些特殊情况，例如大地名与小地名连用时，英汉两种语言的语序要保证准确，英语的顺序为由小到大，而汉语的顺序则为由大到小，这种地名翻译顺序至关重要，一旦翻译错误，就可能会带来很大的麻烦。

最后，公司名的翻译在商务英语信函翻译中也很重要，公司的类别不同，其在翻译时选用的词汇也就不同，一般而言，代理公司用的是"Agency"，服务型公司用的是"Service"，而到了具体的公司名称中，其也会包括一些共性词汇，例如"joint""integrated"等。需要特别指出的是，在共性之外还是有细微差异存在的，这些细微的差异才是决定公司名称翻译成败的关键，需要译者格外注意。

随着全球化进程的不断推进，国际贸易繁荣发展起来，其中，商务英语信函扮演了重要的角色，它内容丰富，不仅包括大量的商务词汇、专业术语，而且还包括各种固定表达等，正是这些内容将浓厚的商业氛围凸显了出来。因此，为了进一步丰富商务英语翻译的理论知识，推动国际贸易的发展，我们可以从语用学的视角出发，对商务英语信函翻译进行深入探究。

（8）商务信函翻译的美学运用。

第一，文化差异融合。中西文化有着天壤之别，所以商务英语信函翻译必须要格外重视这种差异性，以确保翻译的准确性。另外，如果需要在信函中添加广告，还需要注意中西方的广告文化，西方广告文化比较开放，这就要求译者注意结合中国文化对广告进行恰当的翻译，以提高中国人的接受度。

信函表达的内容不同，其翻译的方式也会不一样。例如，如果合作双方的合作意愿比较强烈，译者就需要选取合适的词汇与语句将这种意愿表达出来，并且还需要结合对方的文化习俗，这样翻译出来的译文会符合对方的审美情趣，更重要的是，还能增强对对方的说服力，使其同样也具有较强的合作意向。

第二，突出重点。首先，人们在阅读信函时往往都是看一个大概，直奔重点内容，所以，在书写信函时必须要考虑这一问题，尽量不要使用复杂的句式，应该尽量表达简洁，对于重点内容，可以在标题或者正文的开头处直接表述出来。这样做的目的就是使看信函的人能立刻抓住重点，提起对信函的兴趣。信函中难免会包括一些直接的诉求，在表达这部分内容时一定要注意措辞，以免看信函的人产生不适感。另外，在书写重点内容时还可以使用非常创新的方式：一方面，这可以体现语言独特的风格；另一方面，还能让读者一目了然，增加其对商务英语信函内容的理解。其次，商务信函在表达意愿时通常会使用比较长的句子，这一点尤其在由汉字书写的信函中体现出来。因此，译者可以对原文中冗长的句子进行拆分，拆分成几个短句之后就能进行更好的翻译，而且拆分后的短句可以进一步凸显信函的重点内容，方便阅读。最后，译者要合理使用翻译技巧与策略，在翻译时如果无法将原文的意思用本族语表现出来，就可适当添加一些内容以补充信函的意思。

第三，措辞优美。中西方语言中都存在一种特殊的文体——文言体。在具体的信函书写时，译者可以使用文言体，这是因为文言体更能体现语言的优美。所以，译者需要扎实掌握英语与汉语的文言体，并在翻译过程中灵活使用，既保证了信函的简洁，又保证了信函的优美。

第四，运用模糊语。信函不仅能将合作的意愿表达出来，而且还有交流的作用。所以，原文本中总是会有一部分与商务合作无关的增进感情的内容。译者可以对文本进行模糊化处理，但是需要满足两个条件，一个是要以正确的翻译理论为指导，另一个则是要征得原作者的同意。例如，在表达"较多"的含义时，译者没有必要将具体的数字描述出来，无关数字过多会使文本看起来复杂，同时还增加了读者阅读的障碍。所以这种情况下可以用模糊语来代替，可以在文本中使用"Much、Many"等词语。

总而言之，随着中国对外贸易体量的变大，中国社会越来越需要大量的、高质量的商务英语翻译人才。商务英语翻译除了要遵循基本的规范，还需要保留一定的美学价值，这能促进商务合作伙伴之间的友好交流。因此，在进行商务英语信函翻译时，译者也应该注意这一问题，在表达尊重与礼貌的同时，展现商务英语信函的美学价值。措辞优美，灵活使用模糊语，从而保证商务活动的顺利进行。

二、文化功能视角下的科技英语翻译

（一）科技英语翻译的类型

随着科学技术的迅猛发展和知识经济的到来，科技英语（English for Science and

Technology，EST）已经成为一种独立的重要英语文体，与传统的新闻报刊文体、论述文体、公文文体、描述与叙述文体以及应用文体一起，构成了当代常见的六大英语文体。特别是进入 20 世纪 70 年代以后，科技英语文体日益受到人们重视，引起国际上广泛的注意和研究。科技英语泛指一切论述和谈及科学或技术的书面语和口头语。具体而言，科技英语可分为以下五个类别：

第一，科技著述，科技论文和报告，实验报告和方案等。

第二，各类科技情报和文字资料。

第三，科技实用手册，包括仪表、机械、工具的结构描述和操作说明等。

第四，有关科技问题的会谈、会议、交谈的用语。

第五，科技影片、录像等有声资料的解说词等。

（二）科技英语翻译的实践

1. 科技英语词汇翻译

了解和掌握科技英语的词汇和词法特征具有很大的重要性，这是因为一方面我们缺乏最为完善的科技英语词典，所以需要掌握一般的构词等规律和特征来判断和识别不熟悉的以及新出现的科技词汇。词典的编纂需要耗费大量的时间和精力。一般而言，一本词典从编写到出版需耗时约八年甚至更长的时间，这是司空见惯的。然而在编写词典过程中，语言却没有停止发展。因此，任何描述现代语言的词典所标榜的"新"，只能具有相对性，不可能做到绝对的"新"。即便后续编写了增补本，但与日新月异、一直都在变化发展的语言相比，词典语库的更新永远具有"有限性"和"滞后性"。

另外，随着新学科、新技术、新材料、新设备、新工艺的不断产生，新的科技词汇和新的科技术语大量涌现，其数量之多、速度之快，远非英语中其他问题所能企及。为此，目前在使用中的英汉科技词典，包括一些专业性很强的分类词典，已经很难全面满足科技英语翻译之需，而且不少科技英语词典的质量有待提高。所以，了解和掌握科技英语的词汇和词法特征以及主要的翻译方法，对于快速掌握科技专业词汇，准确理解词义，做好科技英语的翻译工作具有重要的现实意义。

2. 科技英语句法翻译

（1）使用名词化结构。科技英语的一个重要句法特征，就是大量使用名词化结构。名词化结构在科技英语中主要有三个作用：①适合表达定义、定律、原理等抽象概念；②可以较少使用人称主语，体现科技概念的客观性；③有效简化叙事层次和结构，使行文更加直接、紧凑、简洁。

（2）使用长难复合句式。科技英语要求思维严密，论理精确，因而往往加入一些修饰性、限制性的语句，而通过频繁使用语法功能极强的介词短语和各类非限定性动词短语，又可以使句子结构长而不乱，信息分布合理，给人一气呵成之感。

（3）使用一般现在时。科技英语倾向于多用动词的现在时，尤其多用动词的一般现在时，以描述通常发生或并无时间限制的自然现象、过程、常规等，或者表述科学定义、定理、方程式、公式的解说以及图表的说明。但叙述过去发生之事时，使用一般过去式。

（4）使用条件句式。一般条件句式由两个句子组成：表示假设条件的"if"从句在前，后面的主句则说明满足该条件时才会出现的推论或后续步骤。在作假设时，有时还使用虚拟语气。

（5）使用后置定语。后置定语是指位于名词或代词之后的定语，常为形容词、副词、介词短语、非限定动词、同位语和定语从句等。科技英语的准确性和严密性使其频繁使用后置定语。这也部分地造成了科技英语中复杂长句多的现象。尽管定语是句子的次要成分，但对后置定语的处理是影响译文质量的重要因素之一。

三、文化功能视角下的旅游英语翻译

（一）跨文化意识下的旅游英语翻译

旅游英语翻译，作为推介旅游资源的重要手段，对我国旅游业的发展以及对外交流都发挥着重要作用。近年来，为了满足社会对专业翻译人才的需求，许多高校开始重视专门用途英语（ESP）课程，特别是旅游英语翻译课程的开设，这也推动了旅游英语翻译事业的发展。然而，旅游英语翻译质量仍存在许多问题，这些问题很多都是由于缺乏跨文化交际意识引起的。因此，在强化译者语言基本功的同时，如何消除文化差异造成的不必要误解，提升对外旅游宣传质量，值得引起外语教育工作者的关注。

跨文化交际，即不同文化背景的人们（信息发出者和信息接收者）之间的交际；从心理学角度来看，是指信息的编、译码是由来自不同文化背景的人所进行的交际。旅游英语翻译作为翻译活动的一个分支，不仅是语际转化过程，更是两种不同文化的碰撞与交流。由此看来，正确处理文化交流与碰撞中遇到的问题，对提高旅游资料翻译质量至关重要。

1. 跨文化意识下的旅游英语翻译标准

翻译的标准问题从研究翻译活动之日起就受到人们的广泛关注，也是翻译界争议最多的一个领域。所谓翻译标准，是指翻译活动中译者所遵循的原则，也是翻译批评家评价译文时必须遵循的原则，它既是翻译实践的准绳，某种程度上来看，也是衡量译文好坏的尺度。翻译活动先应该做到"信"即译文须对原文忠实准确。另外，译文应完全复写出原作的思想；译文的风格和笔调应与原文的性质相同；译文应和原作同样流畅。

在旅游翻译活动中，旅游资料翻译，作为我国对外宣传的重要手段，翻译效果的好坏直接影响我国的国际形象。因此，在遵守"信"的翻译标准、坚持正确性与科学性的同时，译者更应该树立跨文化翻译观，将目的语读者放在首要位置，强调旅游翻译效度，有效传播中国文化，让更多的外国游客认识中国、了解中国。

2. 跨文化意识下的旅游文化信息处理

作为一种"信息文本"旅游资料都是以信息传递的方式传播中国文化的。要达到上文提到的旅游翻译效果的最优化标准，文化信息的处理显得尤为重要。五千年华夏文明是吸引海外游客慕名而来的主要原因。中国人喜闻乐见的诗词、楹联，诗情画意的风景名胜，处处蕴含着山水之趣、人文之趣、乡音之趣。然而遗憾的是，这类趣味信息却经常丢失在旅游翻译之中。

（二）旅游英语翻译中的文化差异处理

旅游翻译主要是通过翻译让翻译后的旅游文本，符合译语接收者的审美情趣，起到传递信息、诱导游客、宣传当地文化等功能。采取合适的翻译策略和方法来处理旅游英语中的文化差异是十分必要的，其目的就在于使译文符合西方的审美观点和思维方式，让西方读者看后有深刻的印象。根据翻译目的论，在旅游英语翻译教学中，应着重培养学生处理中西方文化差异的能力，使其在进行旅游英语翻译时学会运用以下策略：

第一，景点名称的音译和意译的恰当选择。旅游英语专业学生在对一些景点、景区名称进行翻译时，常出现音译与意译运用混乱的现象。为避免此现象，应使学生明白音译与意译的特点，在翻译时作出恰当选择。

第二，历史人物、事件等的说明性翻译。中国拥有悠久的历史和古老的文化，在介绍文物古迹的时候，总会联系到大量的历史事件和朝代名称，而国外游客对我国的历史朝代并不熟悉，因此最好补充朝代的公元年份。在翻译国外游客不熟悉的历史名人时，可以添加相关的背景资料，补充这个人的身份，在历史上的地位和功绩等，以增加国外游客对此人的了解。对国外游客而言，在文化旅游中最有吸引力的是感触和体验异域的不同历史文化和风土民情，而这又是旅游翻译中的精髓所在。

第三，特殊文化、事物的解释性翻译。对一些中国特有的历史事物、历史上的典故、神话传奇和独特的民族传统节日的翻译，应增添一些解释性文字加以说明，以便更好地让国外游客理解。

四、文化功能视角下的财经英语翻译

财经涉及的面较广，包括金融、投资、保险、财会、经营管理、市场营销、信息处理、合同和法律文书等，由于涉及权利和义务的方方面面，财经英语表达严谨，语法结构复杂，不允许有半点纰漏。

（一）熟练把握文体特点

文体不同，其语言风格就不同，财经英语的语言非常精练、正式，有很多附加成分修饰。

例 1：A draft（bill of exchange）is an unconditional order in writing prepared by one party（drawer）and addressed to another（drawee）instructing the drawee to pay a specified sum of money to, or to the order of, a third person（payee）, or to the bearer, on demand or at a fixed and determinable future time.

译文：汇票是一方（出票人）写给另一方（受票人）的一种无条件的书面命令，指示受票人即期或是定期在确定的日期将规定的金额支付给第三方（收款人）或付给第三方指定的人或支付给持票人。

在这个长句子中包含两个过去分词短语 prepared by one party（drawer）and addressed to another（drawee）, 一个现在分词短语 instructing the drawee... 做定语，还有其他介词短语和固定搭配，如 a sum of money, to the order of, on demand or at a time。

例 2：Thus, what is bought and sold in the foreign exchange market is not actually foreign currency but rather bank deposit denominated in foreign currencies.

译文：因此，外汇市场上买卖的实际上并不是外币，而是银行外币存款。

句子的主语是 "what is bought and sold in the foreign exchange market"；"denominated in foreign currencies" 是过去分词短语作定语，修饰 "bank deposit"，意思是 "用外币命名的"。

（二）掌握英汉语言差异

英汉两种语言的主要句子结构大致是相同的，然而也经常有差异比较大的情况，翻译时需要慎重考虑。

例：Insurance certificate has the necessary items of an insurance policy, but it doesn't set out the rights and duties of the insurer and the insured, which are still subject to the detailed insurance clauses of a formal insurance policy.

译文：保险凭证有保险单上的必要项目，但是，它并不列出保险人和被保险人的权利和义务。他们应以正式保险单详细的保险条款为准。

原文是一个句子，包含一个非限制性定语从句 which are still subject to the detailed insurance clauses of a formal insurance policy，这个非限制性定语从句和前面的内容紧密相连，是一个完整的句子，但翻译成汉语时需要把这个非限制性定语从句单独翻译为一个独立的句子。

第四节　文化交融视角下的英语翻译

一、文化交融视角下的归化与异化翻译

语言是人与人之间沟通交流的桥梁，是友好往来的重要媒介。但中西方的文化存在着巨大的差异，尤其是语言方面和思维意识方面。随着各国之间的往来增多，跨文化交流也越来越多，包括语言资料之间的借鉴欣赏，这时候就需要翻译来进行辅助。而翻译的过程又是一个较为复杂的过程，其包含着各国的文化底蕴。因此，译者在翻译过程中要掌握好归化和异化策略，处理好二者之间的关系。

（一）文化交融视角下的归化翻译

归化指的是将源语本土化，以目的语文化或者读者为基础进行翻译，运用目的语读者所习惯、能接受的思维方式、语言表达方式来进行内容的表述。归化翻译策略要求翻译者要把自己想象成本国的作者，将翻译的内容转成地道的本国语言，符合目的语读者的思想和文化观念。

1. 归化翻译的优点

归化翻译策略的优点，是其翻译的内容以目的语读者为基础，能使读者毫无理解障碍地读懂文章内容，并能更好地接受，增强了翻译作品的可读性和欣赏性。习惯使用归化翻译策略的人认为，归化策略解决了读者在阅读过程中的障碍，有效避免了国家之间的文化影响。

例如，英语 "The lion's mouth"，翻译成汉语就是 "虎穴" 的意思，指非常危险的地方，这就是一种归化翻译。因为在西方人的眼中，狮子是万兽之王，是勇猛、威严的象征，因此英语的 "lion" 有着强壮、受人尊重敬仰的含义。而在我国老虎被誉为万兽之王，是勇敢、威猛的象征，与西方文化的 "lion" 有着相似的含义。所以将 "The lion's mouth" 翻译为 "虎穴" 是两国文化的相互结合，能使中文的读者更容易理解文章的内容。

2. 归化翻译的缺点

任何事物都具有两面性，归化翻译策略也不例外。归化法的最大缺点就是破坏了原作的风格，翻译者过于加入自身的主观意识，将原作独特的国家文化消磨殆尽。

例如，西方国家对我国《红楼梦》的翻译，其中有一句"巧媳妇做不出没有米的粥"，英国翻译者将其翻译成了"Even the cleverest housewife can't make bread without flour"。由于英国的传统主食是面包，对米、粥等食物不太了解，所以就采用了归化法，将没有米的粥翻译成了"bread with out flour"。这种翻译虽然有利于英国读者进行理解和阅读，但是，《红楼梦》是我国的古典小说，在其中加入西方的面包与整个文章内容显得格格不入，而且国外的读者也不能了解到我国的文化特色以及小说的真正内涵。

总而言之，归化与异化各有优缺点，完全的归化翻译策略不仅破坏了原作的内涵，还不利于各国之间文化的交流。而完全的异化翻译策略使目的语读者很难理解文章的内容。所以，译者要正视归化与异化之间的关系，采用以异化为主、归化为辅的翻译策略，将二者相互融合，在让读者轻松容易理解文章的同时还能感受到其他国家的文化底蕴。

（二）文化交融视角下的异化翻译

异化是指翻译者尽可能不改动原作的内容，在翻译的过程中保留外来文化的语言特点、思维方式、表达方式等，以原作者的表达方式为基础。让目的语的读者跟着内容进行思考，去向作者靠拢。

1. 异化翻译的优点

异化翻译策略，能够将原著的内容、国家的文化底蕴、语言特点等都完完整整地展现到读者眼前。让读者在阅读的时候不仅能感受到其他国家语言表达的特点，还能体会到其他国家的文化、地域风情、风俗习惯等。对国家之间的文化交流有着重要作用。

例如，"In the county of the blind the one-eyed man is king"，这句英文寓意深刻、生动形象，翻译成中文为"盲人国内，独眼为王"，读者通过阅读能够开阔视野，得到一定的启迪。而且，异化翻译策略不仅将原本的文章内容展示给读者，还具有创造新语言、新词汇的重要作用。例如"Crocodile tears"这句英文，就有三种不同的翻译分别是"鳄鱼的眼泪""假情假意的眼泪""假慈悲的眼泪"。

2. 异化翻译的缺点

当采用异化策略进行翻译时，虽然能保证原作的还原性，但是各国之间的文化存在着巨大差异，这种翻译策略会面临着不被读者理解的问题。例如，对"You have got to have faith in your sleeve, otherwise you won't succeed"这句英文进行异化翻译时，意思为"你必须袖子里藏有信心，否则你不会成功"。当读者在阅读时就很难理解这句话的含义，进而影响了对整篇文章的阅读。

二、文化交融视角下的"双向文化导入"翻译

由于人们对社会和自然界的看法类似或比较一致，文化虽在不同环境下形成，但存在

着大量共同之处。同时每种文化都局限于特定自然与历史条件，存在其独有的约定俗成，因此文化教学应侧重差异对比，培养双向的文化思维习惯。具体可以从以下方面着手：

第一，词汇的文化内涵。不同文化背景下词汇的内涵不是一一对应的关系，词汇承载的文化信息、文化差异都需要教师细致阐释、深入解析。

第二，语法的文化影响、文化背景不同，语言的表达方式也各异。例如，汉语语法比较宽泛，结构词经常被省略，主要是通过句子之间的内部逻辑关系表达出来；而英语语法形式和意义高度一致，逻辑术语作结构词，表达明确、严谨。如了解这一思维习惯上的差异，可以取得事半功倍的效果。

第三，篇章的文化信息，语篇通常涉及目的语文化的背景知识，包括节日习惯、价值观念、思维方式等，教师可引导学生挖掘文化信息，拓宽文化视野。文化背景知识越丰富，理解篇章内容的能力越强。

第四，习语的文化差异，习语具有强烈的文化特征，是修辞手段的集中体现；教师可指导学生作些习语收集和对比，从而加深对双向文化的了解。双向文化导入在大学英语翻译教学中是一个庞大而且复杂的系统工程，作为其重要有机组成部分，在翻译教学中双向导入文化因素具有直接的现实意义。

（一）英语翻译中"双向文化导入"模式的框架

在大学英语翻译教学中建构"双向文化导入"模式，必须在坚持原则的基础上构建"共性与特性""形式与内涵"有机并存的框架，确保文化导入的双向性。英语翻译中"双向文化导入"模式的框架具体内容如下：

1."共性与特性"

教师应当引导学生在比较中寻找并发现两种文化的共性和特性，培养感知两种文化的自觉性和敏感性，增强获取语言信息和文化信息的能力，以客观辩证的态度看待两种文化，肯定两种文化的共同性和沟通性。同时，学生也应学会体会两种文化间的细微差别，辨别这些差别给文化交流和翻译实践带来的障碍，能对其特性进行对比、加工、总结，形成有效的互补和渗透，并最终运用到翻译实践中。"共性与特性"并存的训练，能让学生更加深入了解中华优秀文化，提升民族自豪感和自信心，同时也能以海纳百川的姿态正确对待西方文化，开阔国际视野。

2."形式与内涵"

在形式上，应摆脱以往以教师为中心的守旧思想，不拘泥于课堂讲授、照本宣科的传统模式，把双向文化导入贯穿到整个教学过程中，把课堂扩大到课后延续学习、网络互动讨论、现实案例解析等多模态形式中。在内容上，应选择中西方文化中的代表性知识，编写符合学生知识水平结构、符合现实生活、符合社会需求的文化翻译教材。

（二）英语翻译中"双向文化导入"模式的建构

文化知识本质上具备广博性，而"双向文化导入"又具备广泛内容，如包含了媒体知识、法律知识及相关的社会知识、经济政治知识，当然更加融合了民族性格以及不同价值观念和相异生活习惯等，可见"双向文化导入"内涵之丰富。而大学阶段英语课程翻译教学应用"双向文化导入"模式可以从以下三个方面开展：

1. 英语词汇中"双向文化导入"模式的建构

文化的重要载体就是语言，学习语言则能够对理解文化产生重要的影响，因为只有语言了解了，文化才会随之被理解。词汇是语言的基本构成，各种文化特征都能在该语言的词汇上找到痕迹。词汇在中西方文化中含有不等值性，时常指示意义相同，联想意义却完全不同。对于这样的词汇，教师在课堂中应及时进行文化双重导入，以免学生对不同文化的词汇理解出现偏差，不能了解其深刻内涵。目前，大多数学生对中西方词汇的文化差异了解得少之又少。由此，英语课程翻译教学开展"双向文化导入"模式，应该从中西方两者之间词汇文化的认识解析上进行努力。

具体而言，当前众多语言方面的研究学者认为，词汇其实是承载文化的重要信息载体，故将词汇称为"负载文化词"较为贴切。而对于英语课程翻译教学本身，并非仅仅是让学生进行不同语言上的良好转换，而是需要依托于对文化的丰富理解促使翻译更加准确以及富有文化气息。故而，英语课程教师需要对这些"负载文化词"向学生进行详细阐释，包含问候语、熟语、交际语、委婉语、敬语、食物词、动物词、颜色语、谚语、成语、俗语、数量语、重叠语、政治词语等，这些多种多样的词汇可以说是包含着自身的文化含义，需要教师在翻译教学中向学生有效地传达出来，帮助学生挖掘词汇中不同的文化内涵。这样才能促使学生更好地掌握翻译技能。例如，教材中出现的动物词汇，由于中西方历史、传统、习惯，甚至是思维方式的不同，经过历史积淀导致其在文化内涵上也有着较大差异。对于布谷鸟（cuckoo）的理解，西方人认为布谷鸟的叫声是不吉利的；中国人则认为布谷鸟是春天的使者，喜欢布谷鸟的叫声。对于中西方文化中的非对应及零对应词汇，也需要教师在课堂上加以导入。

2. 英语句子中"双向文化导入"模式的建构

不同民族语言的句子之间存在着丰富的差异文化现象，同样中西方文化在句子上也体现着较大的差异。教师在教学中可从句子结构差异以及句子中典故差异向学生导入两者文化间的差异性。通过对比解析，学生将进一步掌握中西方文化的异同，从而提高跨文化认知能力。由于句子的文化因素具有较强的外显性，加之文化渊源不同，因此不同句子的句子结构无疑存在较大的差异。

英语句子中常使用被动语态，而汉语中则经常使用主动语态，尽管汉语中有表示被动的词，但表达的时常是主动含义。这说明西方人会清楚表达主语"身份"是主动还是被动，个人主义意识强。而在中国，主语的主动或被动"身份"更多的是一种不言而喻。造句顺序上，中国人通常采用从大到小的词序造句，而西方人造句则是按照从小到大的顺序，这也反映了中国人的顺向思维和西方人的逆向思维。教师在教材讲述的过程中，需导入中西方文化间不同的造句方式，以便于学生理解句子中的文化差异。

此外，教师在教学过程中遇到含有典故或习语的句子时，也需要深入挖掘中西方不同的文化特色，进而导入文化内涵差异使学生更加深刻地体会句子的含义。

3. 英语语篇中"双向文化导入"模式的建构

大学英语教材中，许多语篇都涉及英美国家典型的文化背景知识，教师可以根据这些文化背景知识，导入与该背景文化相关的中国文化进行对比解析，使得学生在理解语篇内涵的同时，也懂得了中西方文化的异同之处。例如，可在翻译教学中导入具有美国文化特征的代表物，同时，教师应向学生进一步讲解具有中国文化特色象征物的英文表达方式、来源等。最终比较中西方不同的代表物，找出中美代表物历史文化差异。通过此方法，学生可以概略地了解整单元的文化知识，同时也填补了中国文化知识的空白，达到英语教学中中西方文化并举的目的，从而提高学生的综合文化素养，并为学生能够更好地进行跨文化交际以及大力输出母语文化打下坚实基础。

随着经济全球一体化进程的加快，中国与世界的交往日益密切，学生对外语学习的需求更加深入，学生能够恰当地将母语文化进行输出，以让更多的人了解中国文化的欲望更加强烈。因此，外语教学必须同时培养学生的语言能力和多元文化能力。这就要求外语教师在教授语言知识的同时按照文化导入的阶段性、适度性和实用性的原则导入中西方文化知识。教师可从课堂内的词汇、句子、语篇中挖掘中西方文化知识，在外语教学中实施双向文化教育，在学习西方文化的同时弘扬中华民族文化。

综上所述，针对大学阶段英语课程翻译教学而言，"双向文化导入"一方面能够避免母语文化对翻译教学产生较大负迁移影响；另一方面也能够在"双向文化导入"的基础上将学生的知识眼界打开，并将知识学习思路充分拓宽，最重要的是能够促使学生在受到丰富中外文化良好熏陶的同时提升艺术修养，这对于英语专业学生而言起着重要的作用。

三、文化交融视角下的文化图式翻译模式

图式是表征人类一般知识的认知结构，由从个体先前所不断经历的环境或事件中抽取出的信息构成。在图式理论的认知中，人们在理解、吸收输入信息时，需要将输入信息与

已知信息联系起来。对新输入信息的解码、编码都依赖于人脑中已存的信息图式、框架或网络。输入信息必须与这些图式相匹配才能完成信息处理的系列过程，即从信息的接收、解码、重组到储存。图式理论是一个抽象的关于人的知识的理论，它涉及任何形式的事件和客体，是人的记忆对所有知识进行组合、归类的总汇。

文化图式是人脑中关于"文化"的"知识结构块"，是人脑通过先前的经验已经存在的一种关于"文化"的知识组织模式，可调用来感知和理解人类社会中的各种文化现象，它包括风土人情、习惯、民俗、生活方式、社会制度、思维方式、价值观念等内容建立起来的知识结构。它在语言理解、文本解读过程中发挥不可或缺的作用。文化图式最大的特点是民族性，不同的民族在各自久远的发展过程中，常常形成有别于其他民族的独具特色的风土人情、审美情趣和价值观念等。各种文化一经习得，便以图的方式储存在译者的长期记忆里。不同的种族有着不同的文化图式，文化图式的差异会造成话语意义的不同理解。这种语义是在发话人、受话人的文化图式基础上，对于一个话语所产生的某一特定感受。不了解语义就不能完全接受一个话语所承载的全部信息，甚至产生误解。这是文化缺失所导致的。

翻译是将一种语言用另一种语言进行表达的转换过程，这种过程从表面上看是一种语言活动，但从译者的角度来说，翻译实质上是一种思维活动。它是用一种语言文化把另外一种语言文化的文本再现出来，译文不可避免地反映出两种语言文化的特征。翻译的过程主要分为理解和表达两个阶段，理解实质上是对原语信息的解码，译者应具备并激活大脑已有的与原语相关的图式，以确保对原语的正确解码。

然而表达实质上是用目的语对原语信息进行再编码，在这个过程中，译者对目的语图式的编码有利于激活潜在读者已有的图式，同时有利于帮助他们建立更多新的图式以达到翻译的跨文化交际的目的。在翻译过程中无论是理解阶段还是表达阶段都离不开对文化图式的认知。翻译的作用就在于将原语文化中的文化移植到目的语的文化中去。王佐良先生指出，翻译的最大困难就是两种文化的差异，译者必须透彻地理解原文，要做到这一点，深入了解外国文化十分必要。同时，译者还得深入了解本民族的文化。作为译者，对两种语言的文化背景了解得越多越深入，就越能在翻译活动中准确地把握语言的主旨，再现原文的风采。

翻译既是语言之间的转换，更是文化之间的交流，这是翻译的本质，因为翻译的直接对象总是与文化密切相连。语言是文化的符号和载体，语言直接反映文化现实；同时，语言又是文化的一个组成部分。语言和文化的密切关系注定了翻译和文化的密切关系。根据图式理论，图式是对过去经验的抽象和概括，而每项具体经验都是文化的体现。如果把图式看作一种框架，那么文化就是框架的内容、框架的填充物，二者的关系密不可分。语言从不同方面反映文化，从而形成不同层面的文化图式。

文化翻译是在文化研究的大语境下来考察翻译，即对文化以及语言的"表层"与"深层"结构进行研究，探索文化与翻译的内在联系和客观规律。基于翻译是原语和译入语语言图式和文化图式间的转换这一观点，可认为文化翻译是原语和译入语的文化图式的转换，或者说文化翻译即文化图式翻译。文化图式翻译就是在重视原语其他层面信息忠实转换的基础上强调原语文化图式的正确解码，并努力实现其在译入语中的再编码。

在翻译过程中，不同民族在文化图式上表现为原语和译入语文化图式的异同，具体可分为文化图式对应和缺省。对应指原语和译入语文化图式基本对等，用译入语中的文化图式能正确全面表达相关原语文化图式承载的文化信息，如"look before you leap"可用"三思而后行"表达，"纸老虎"可用"Paper tiger"表达。而文化图式缺省则指原语中的相关文化图式在译入语读者的认知语境中根本不存在或不完整。在翻译过程中，文化图式缺省会导致译入语读者在认知推理过程中无法找到相关图式，因而造成理解失败或不完全理解。

翻译的目的是促进两种语言的交流，而文化翻译的目的不仅如此，更是促进原语和译入语文化双向交流，寻求文化的共生和融合。在英汉翻译实践中，可以选用文化图式对应、文化图式诠释、文化图式交融三种翻译模式，将原语蕴含的信息包括其文化意义等值地转换为目的语，具体解析如下。

（一）英语翻译中的文化图式对应模式

1. 直接对应

在英汉互译中，如果目的语中存在与原语相对应的文化图式，即两种文化图式能基本重合，直接对应翻译是优先选择的方法。因为这样，可以在目的语中直接体现原语中的独特的文化图式，使目的语读者能直接品味原语文化。这种翻译模式只需译者能对原语文化模式进行解码，并激活自身已存储的图式，直接进行对应翻译即可。

例："Walls have ears"表示隔墙可能有人偷听，与中文里"隔墙有耳"具有相同的文化图式；"Don't cross a bridge till you come to it"意为问题或矛盾会随之进展自然得到解决，可直接译作"船到桥头自然直"；"A truly wise man does not show off his capability"则与"大智若愚"的图式对应；"The water that bears the boat is the same that swallow sit up"可译为"水能载舟，亦能覆舟"。

2. 间接对应

由于英语与汉语属于不同的语系，两者具有各自独特的文化图式，可能引起文化图式影响的问题。与文化定位、社会准则的差异相同，文化图式差异也必定会导致文化影响。译者应当对两种语言的文化背景以及语言特征等有清晰的了解才能在英汉翻译中准确把握原语的真实意图，从而将其忠实地解码并转换成目的语。

例如，"white day"如果被译为"白色的一天"，读者会感到很困惑。由于在汉语中无法直接找到与之对应的文化图式，为了准确表达原语的真实含义，译者需将原语的文化图式转换为目的语的文化图式。通过这种间接对应的方式，实现原语与目的语文化图式的对等转换。此例中，可用汉语的"黄道吉日"来对等替代"white day"，因为两者在汉英两种语言中的文化图式是对等的，读者较为容易就能接收。如果译者不了解中西方语言风俗习惯和思维方式，那么很难实现这种对等。

（二）英语翻译中的文化图式诠释模式

有时一种语言所传承的文化含义在另一种语言文化中根本不存在，也没有相应的表达方式，在译者的大脑中根本无法建立相对应的文化图式，这就会出现图式缺省。当原语中的文化图式无法直接被译入语读者理解的时候，就可以采用增译，或是解释的办法在译入语中为原语文化图式提供相关的图式信息，这就是文化图式的诠释模式。

1. 直译加注

直译加注是在译文中增添目的语读者缺乏的文化背景知识，以便读者理解和建立原语文化图式。例如，汉语中的"气管炎"作为一种疾病与英语中的 tracheitis 对应，但因与"妻管严"谐音而具有"怕老婆"的含义。某人开玩笑说"他有气管炎"，若采用文化图式移入模式译为"He suffers from tracheitis."，外国人看到或听到，不但不会发笑，而且会莫名其妙、困惑不解。这时如果采用文化图式诠释模式，将此句译成"He is a hen-pecked man"能更好地让英语读者了解"气管炎"的文化内涵。

2. 直译加解释

在翻译过程中，尽管在译文后增添注解能弥补直译的不足，但是穿插太多、太长的注解会影响甚至阻碍读者畅快阅读。在这种情况下，如果采用直译加解释方法，既能简化译文，又能在目的语中植入原语文化图式。例如，把"终日望君君不至，举头闻鹊喜"。（冯延巳，《谒金门·风乍起》）译为"Waiting for you the whole day long wears out my eyes. Raising my head, I'm glad to hear mag-pie.（Who is glad to hear the magpie chatter is supposed to announce the expected arrival.）"（许渊冲译）。

对汉语读者而言，喜鹊是吉祥之鸟，预示着吉庆和鸿运来临。对词中描绘的深闺女子而言，枝头喜鹊的喳喳声传递的是亲人归来的报喜乐曲。而在英语认知语境中，与喜鹊有关的文化图式传达的是唠叨、饶舌的喻义。因此，英语读者会认为对于百无聊赖的少女而言，听到喜鹊叫声的惊喜也许是因为饶舌的鸟儿突破了寂静，带来了一丝生机。由于译入语的文化缺省，原语读者和译入语读者对诗词的理解就产生了偏差。而许渊冲先生的译文在后面增加了"Who is glad to hear the magpie chatter is sup-posed to announce the expected arrival"这一解释，修正了英语读者关于"喜鹊"的文化图式，从而引导他们获得了与原语读者相同的理解。

（三）英语翻译中的文化图式交融模式

交融模式是指原语文化图式和译入语文化图式交相融合，试图在目的语中构建一种新的文化图式。随着英汉文化交流日益频繁，主要通过音译或者音、意兼顾来将两种文化图式融合。西方医学中的"CT检查"以及"维生素A"，服装方面的"T恤"，娱乐方面中的"卡拉OK"和"DVD光盘"都已成为词汇。这种音、意兼顾的译法已成为原语文化融入译入语文化的有效途径。例如，围棋（weiqi）、太极（taichi）等都已被英语所接收，成为英语的外来词。而诸如"梁祝"（Liang Shanbo and Zhu Yingtai, the Romeo and Juliet in China），"情人眼里出西施"（Beauty is in the eye of the beholder）等的译文，也都遵循了文化图式的交融模式，体现出了中西方文化的交汇融合，更好地达到了跨文化交际的目的。

在翻译实践中，译者往往会综合应用多种方法来排除对文化图式缺省带来的理解障碍。译者须充分考虑不同文化背景下文化图式转换的问题，包括文化图式缺省和影响的难题。善于捕捉到隐藏在原文中的文化缺省，依据原语读者和译入语读者文化图式的差异，在充分理解原语文化图式后，采取相应的文化图式对应模式、文化图式诠释模式或文化图式交融模式，尽可能更好地为目的语读者再现原语文化，从而达到文化翻译的目的。

四、目的论下的英语语言文化与翻译交融

目的论将翻译研究从严格的"对等"理论中解脱出来，将目的放在了研究的首位，研究者将视角更多地转向了译者背后的文化因素。翻译不仅仅是将一种语言文字变成另一种语言文字的简单转化，其背后所蕴含的是译者赋予的文化目的。也正是这种文化目的的存在，使得译者采取更灵活多样的翻译方法，并在译文中留下了翻译目的的烙印。

"文化存在于各种内隐的和外显的模式之中，借助符号的运用得以学习与传播，并构成人类群体的特殊成就，文化的基本要素是传统通过历史衍生和由选择而得到的思想观念和价值"。文化可通过各种符号呈现给人类认识，而每种不同的文化，都是由其不同的符号所组成，所以相同的符号，对于不同文化的成员而言，不一定具有相同的含义。在不同历史时期，翻译应考虑不同时期的文化需要，还应考虑满足特定文化里不同群体的需要。文化与人类的关系是相辅相成的，随着人类历史的发展，文化本身具有动态性，也会随之不断地演变，以求能适应新环境。相对之下中国社会注重饮水思源，喜于从历史中找寻解决之道，对于下一代的未来教育格外关注，而美国社会着重于现在环境的突破，也强调对

于未来的规划。

目的论自提出以来，就一直影响着翻译工作，这一理论认为译者在翻译时应根据译文预期要达到的目的或功能，使用符合译语文化观念和习惯语言结构进行表达，使译文对译语的读者发挥正确良好的影响。在进行此类翻译中，应该把"译文的目的功能"放在首要位置。委托人对翻译的具体要求、文本的特殊功能、目的语读者对译文的期待等是实用翻译活动中务必考虑的要素。非语言部分，可以利用脸部表情、手势或是肢体动作等口语沟通方式，也可以利用图片、符号、美工设计、尺寸大小或折叠方式等书写沟通方式表达；并行语言部分，则可以利用音量大小、声调起伏、重轻音及停顿等口语沟通方式，也可以使用印刷格式、标点符号及写作方式等书写沟通方式表达额外语言部分，其口语沟通表现的形式可以通过沟通的时间、地点、服装或是根据上下文情境等方式，而书写沟通方面，则可以通过出版方式、纸张材质及针对的族群类别等方式表现。

总而言之，功能目的论突破了传统思维模式，以目的为总则，把翻译放在行为理论和跨文化交际的框架中进行考察，将翻译的焦点从对源语文本的再现转移到更富挑战性的译语文本中，为文本翻译提供了理论依据和实践原则，为文本翻译提供了各种必不可少且行之有效的翻译方法，如为编译、摘译、省译等提供了理论依据。

第五章 大学英语翻译混合式教学延展

第一节 混合式教学下英语翻译教学定位

一、混合式教学下英语翻译教学的教师角色定位

"混合式教学模式结合了线上、线下教学方案，通过微课、慕课、翻转课堂等线上教学模式优化了教育模式，可显著提升教学效率"[①]。混合学习空间研究需要考虑的不是技术和网络资源使用的数量，而应该是如何有效地使用。例如，如何变革教学和学习过程以适应交流方式的变化和知识获取的新途径。教育技术的发展为开展参与性、个性化、产出性的教学提供了可能。但是，教师角色的定位依然是一个需要思考的问题。混合学习空间视域下，教学不再局限于传统的课堂教学，学生有更多的时间可以在课外开展自主学习。但是，这并不意味着教师角色地位的削弱，反之，教师需要进一步承担起新技术背景下指导者的作用。

总而言之，教师角色的定位更加突出三个维度：教学法维度、教学组织维度和教师专业发展维度。其中，教师专业发展维度意味着教师从传统角色向混合学习空间导向的教师角色转变。在混合学习空间视域下，虽然教师的角色发生了变化，但是教师的主导者角色并未改变。从知识的传授者转变为学生学习的促进者，集中体现在面对面教学时或在线指导时，教师对教学目标的设定、教学资源的准备以及对学生互动的指导等。混合学习空间视域下的教学更加专注于师生、学生之间的互动关系，以及学生知识的内化，在教师的指导下，学生在学习上变得更加自主、积极、自觉。

二、混合式教学下英语翻译教学的学生角色定位

混合学习空间意味着学生的学习场所得以拓展，不仅包括传统的课堂，还涉及了网络空间、在线互动平台等。学生角色的定位可以大致分为以下四个维度。

第一，"线下"个体学习：这种角色指的是在真实空间里的个体层面的学习，但是与过去相比，学生获取的学习资源更丰富。

[①] 李璐. 混合式教学模式下大学英语翻译教学的创新研究 [J]. 英语广场（下旬刊），2022（7）：75.

第二，"线上"个体学习：这种角色指的是虚拟空间中的个体层面的学习，个体通过网络"在线"的形式开展自主学习。

第三，"线下"小组协作学习：这种学习方式能够培养学生的合作精神，促进协作探究。

第四，"线上"小组协作学习：这种学习方式，可以帮助学生利用网络开展合作学习，查找资料，使讨论的问题具有深度和广度，随后，在课堂环境下根据所准备的内容展开合作学习，进行面对面的交流。

第二节 "互联网 +" 下翻译教学混合模式

一、基于 MOOC 的翻译教学混合模式

（一）基于 MOOC 环境的翻译教学混合模式作用

在现阶段我国基于慕课（MOOC）环境大学英语翻译教学主要存在两种方法：第一种是以传统的大学英语翻译教学为辅，以现阶段慕课环境大学英语教学为主的大学英语翻译教学模式；第二种大学英语翻译教学模式主要依托翻转课堂的新兴教育方式，这种教育方式给传统大学英语翻译教学带来了实质性的变革。

"随着网络技术的飞速发展，MOOC 也广泛地流行于全球各地，使大学生英语学习的途径和方法更加丰富"[1]。对于翻转课堂而言，主要是将教师实现录制好的大学英语翻译教学视频进行课程的放映，这种模式与传统的教育教学模式大致相同，在 MOOC 环境下称为课程的预习，这样的预习模式更加快捷有效，同时能够节省大量的时间，这些课程主要放置在学生的课余时间进行，在进行学习之后学生可以在系统中预留相应的问题留言，或者提出相应的疑问。在实际的课堂中，学生的主要任务是全身心地投入学习中去，而教师将教学重点放在对预留相应的问题留言或者提出相应的疑问进行解答和指导，并对预留相应的问题留言或者对提出的相应疑问进行汇总，发现学生学习的难点和重点，进行二次讲解和有针对性地给学生进行二次解析和解答，从而能够最大限度地巩固大学英语翻译教学的学习成果。对于大学英语翻译教学的巩固：一方面，能够对于英语词汇、词组的重点和难点进行知识的梳理，同时对于词汇和词组的常见用法和语境进行拓展解析；另一方面，能够使学生在大学英语翻译教学过程中体会到课程的重点和相对的难点，只有这样才能在教学中有的放矢，对知识有一个统筹的把握和认识。

---

[1] 王丽娅. 基于 MOOC 环境的大学英语翻译教学 [J]. 教育界，2016（30）：141.

由此可见，翻转课堂在 MOOC 中得到了价值的最大化，通过将现阶段的 MOOC 与我们的翻转课堂相结合，不仅能够将过去的教育教学模式进行改变，同时能够让学生能够进行自主学习，在提升了学生的自主学习和研究能力的同时也使学生的课外时间更加充实，更重要的是将学生从过去的传统式教学模式中梳理出来。这样还有助于教师在从传统式教学中解脱出来的同时能够让教师更加关注自身的教育重点和关键部分，可以根据学生的梯度制定更多的方法，让更多的学生融入学习中，也将传统的一体式大学英语翻译教学模式进行改变，从而使整个教育教学的中心都倾向于学生的身上。

（二）基于 MOOC 环境的翻译教学混合模式设计

现阶段英语考试和考核的目标更加倾向于学生的理解能力，大学英语翻译教学也是一样，因此，高校采用 MOOC 环境的教学方式不仅仅能够在一定程度上改变过去学生只关注英语四六级考试的现状，同时也能够让学生在大学英语翻译学习中喜欢上学习，从而改变大学英语翻译教学现状。MOOC 环境下的大学英语翻译教学拥有诸多优点，拟制定如下的大学英语翻译教学方式：

1. 建立大学英语翻译教学团队

建立团队的目的主要包含三个方面：首先，对于整个慕课教学网络的维护和实现；其次，负责对于大学英语翻译教学的考点的解析，以及模拟题型的设置；最后，负责相应翻转视频的录制和实现。对于其中的后两个部分就需要相对比较专业的大学英语翻译教学教师独立完成。

2. 搭建合理有效的英语翻译慕课教学平台

对于平台的设置，主要包含多个主要的功能。

（1）对于核心语法的讲解和解析，设置这样的视频要具有趣味性和关键性，以突出核心语法为重点，在其中适当地融入相应的趣味性，这样一方面能够帮助学生学习重点语法；另一方面能够最大限度地提升学生的学习兴趣。

（2）实战通过，对于实战通过可以将游戏的形式融入其中，每个环节都设置不同等级的难度和不同等级的礼品，学生在通关的过程中能够体会到学习的乐趣和学习的成就感，不仅能够加深学习的印象，同时也能够加深自主学习的意识。

（3）网络教学的答疑解惑阶段，教师基于学生的问题和难点进行进一步的解析和讲解，并在课程上进行针对性的解答。

总而言之，教学方案将学生的学习和沟通，逐步放在不同形式的课程之上，教师的准备阶段，解析阶段则都是在课下，而学生的学习和提问阶段也在课下，这样的模式为学生的学习提供了充足的时间保证，同时也拉近了学生与教师之间的沟通距离，并且教师和学生的学习主体也发生了较大的变化。另外，在慕课大学英语翻译教学学习中学生的参与度、积极性也都发生了很大的变化，同时这种教育模式还有助于教师自身的提升和发展。

二、基于 SPOC 的翻译教学混合模式

小规模限制性在线课程（SPOC）的混合教学模式，是面对面课堂教学模式和线上学习模式的融合创新，学生通过 MOOC 平台实现在线预习任务，并在此基础上组织线下的课堂强化、讨论、测试等工作，最终通过线上和线下的测试完成课程的教学。在这种混合教学模式下，学生的学习需要有更多的主动性，学生参与学习的态度、广度和深度都直接影响着课程的学习效果。下面以英语阅读翻译为例，探讨基于 SPOC 的大学英语翻译教学混合模式。

（一）基于 SPOC 的英语阅读翻译混合模式建设

1.SPOC 英语阅读翻译教学的资源建设

SPOC 是指学生规模一般在几十人到几百人，对学生设置限制性准入条件，达到要求的申请者才能被纳入 SPOC 课程。SPOC 是融合了实体课堂与在线教育的混合教学模式。大学英语阅读翻译课程所依托的 SPOC 在线开放课程平台，为泛雅网络学习平台和手机App 超星学习通。教学资源包含教材课件以及教师根据各单元阅读篇章，从英美主流报纸网站、全国 MOOC 平台的优质课程资源中所选取的 50% 左右的在线音频、微视频、参考书籍以及网页链接等形式的教学资源。在教学单元设计中，每一部分由导读活动、阅读理解、阅读技巧、阅读练习和学生课堂展示五个小节组成。每一部分由四个部分组成：阅读活动、阅读理解、阅读技巧和阅读实践。

（1）课前任务：学生通过超星学习通，在线学习每单元的导读活动板块，即阅读技巧或微视频、相关话题内容的阅读链接资源等了解课堂学习内容，完成课前准备活动。

（2）课堂教学：课堂教学围绕阅读技巧学习、作业、学生完成课前任务时生成的问题展开教学，以阅读理解板块中的阅读理解问答、词汇练习、思维导图梳理，以及学生课堂展示环节为教学中心，学生积极参与进行课堂小组讨论、师生互动。各小组围绕每个单元的阅读内容共同完成课堂展示。

（3）课后拓展：学生可以在超星学习通向任课教师或每班助教留言，积极反馈自己的学习情况，同时，通过复习每单元"在你读完之后"和学生课堂展示两小节的内容，扩

展学生在课前和课上所学的知识。此外，每小组将在学期末由小组成员共同完成一份英语读书报告撰写作业。英语阅读翻译课程的考核方式为过程性、形成性评价体系，分为线下单元作业、线上阶段测验、课程讨论，以及自主学习四个方面。

2. 大学英语阅读翻译多模态课堂的建设

大学英语阅读翻译课程以有特色、形式多样、难易适中、少讲精讲为课程定位，以微视频、教学课件、课外阅读材料、阅读测试题、讨论题、学生作业展示为课程的内容，变革课程的上课模式，辅以信息技术，实现由教师主动的"教"转变为学生的"学"，采用线上与线下相结合的混合式教学模式，给学习者带来学习的便捷，力求做好 SPOC 和第一课堂的对接。

基于 SPOC 线上资源和手机 App 超星学习通；通过抢答、选人、问卷、小组任务等多种形式激发学生的课堂学习兴趣、提高其阅读动机。在线上与线下相结合的英语阅读多模态教学过程中，教师的身势语和面部表情也成为一种符号资源，同时，学生触觉模态的调动和应用也是英语阅读教学过程中必不可少的环节。

在英语阅读翻译课程的多模态教学的过程中，教师应在课前从教材、教授内容、教学目标，以及学生学情等多方面进行充分的准备。并根据阅读课程的课堂情况，根据以上多个要素，选择和设计必要的模态。多模态教学的课程设置按照教材所涉及每个单元的内容有所不同，具体内容如下：

（1）课程导学板块，教师从课程描述、课程进度、课程评估、课外阅读等方面介绍多模态教学的实施细则以及过程，接下来是多模态课堂实施阶段。

（2）每节课一开始，教师通过泛雅在线平台上传板块内容，通过手机 App 超星学习通向学生发布课前任务，通知学生完成"在你读之前"板块的课外网页链接阅读并在讨论区发帖讨论、观看阅读技巧微视频了解所学的内容知识点。课堂中，教师用学习通进行课堂签到，学生出勤情况在每次签到时计入在线系统。

（3）教师展示课堂内容以及教学目标。教师于课前在学习通发起讨论帖，通过在线课程平台布置学生小组展示内容。课上，师生一起对回复精华帖进行课堂分享与讨论；学生小组进行课堂展示环节。利用触觉情态，学生积极加入课堂讨论，参与课堂活动；这样，不仅有利于学生掌握课程重点、难点，也有助于提高学生的学习积极性。

（4）过渡阶段。教师先以多媒体课件的多模态练习形式对上节课中的阅读技巧和阅读内容进行总结。教师指出本节课程阅读篇章的具体任务，通过超星学习通进行多模态教学，向学生提供课外阅读资源、微视频；同时，教师可向学生发起小组任务、课堂选人、抢答、问卷调查等，最大限度地调动学生视觉模态和听觉模态。

（二）基于 SPOC 的英语阅读翻译混合模式作用

1. 利于教师教学角色的转变

基于 SPOC 的混合式教学模式应用于英语阅读教学中，能够有效提升教师的教学水平。随着网络信息技术的发展，教师在教学中扮演的角色也发生了翻天覆地的变化。在 SPOC 环境的混合式教学模式下，教师不再是英语阅读课堂的主体，对课堂全面的控制作用逐渐转变为引导作用。在全新的教学模式下，教师在课堂外起到督促作用，而在课堂上起着指导学习深入讨论和答疑解惑的作用。教学的主体转变为学生，学生真正成为课堂和学习的主人，由被动地接受知识转变为主动地寻求知识，这一教学模式顺应教学改革发展的需要，有利于教师转变教学角色，促进学生更有效地进行英语阅读学习。

2. 利于教师教学水平的提升

在 SPOC 混合式教学模式下，教师需要将更多的精力放在 SPOC 教学平台的创建和设计上，充分保障学生能够在 SPOC 平台上获取自主学习所需的教学资源，因此教师必须制作出能够激发学生学习兴趣和自主探究学习意识的网络微课，让学生在课外自主学习、深入讨论和在线评测等环节中能够达到最佳的学习效果。

第三节 混合模式下学生英语翻译能力培养

一、英语翻译教学中学生语用能力的培养

翻译是一种复杂的语际转换活动，它不仅包括语言符号的转换，更涉及不同文化之间的沟通，从某种程度来看，翻译就是用译语写作，因此语用能力对翻译质量至关重要。英语翻译教学中学生语用能力的培养，具体内容如下：

第一，语意表达的准确与得体——对原语的理解是关键。翻译思维的第一阶段便是词义的辨析，这是保证译文准确的关键所在对原语的理解涉及原语词语的语义、语法层次、词语联立、指涉呼应等方面的知识和技能，翻译时必须综合考虑以上因素，确定语义。

第二，感情色彩的切合——抓住词句的暗指含义。英、汉语中许多句子带有不同的感情色彩，译者应努力从语境及用词上推敲其特定的情感表达，选择恰当的译语词汇转达原作的本意，同时，也应注意用词的分寸和文体差别。

第三，文体适当——把握语言的社会功能。语言通过文体能体现特定的历史阶段、社

会环境和时代风尚。不同的文体的翻译既要遵循一致性原则，也要考虑读者群，做适当的问题变通。我们在翻译不同的文体，如新闻报道文体、论述文体、描述叙述文体、科技文体时，一般而言，应按其特定的行文格式，同时注意用词选择来把握文体规范，做到文体的一致性。

第四，语言运用得生动与贴切——提高双语的造诣。英汉互译考验的是双语的修养水平。对于中国人而言，似乎只要熟练掌握或精通英语，就可以胜任双语的互译，而事实上许多人的汉语表达水平也很成问题。译者在提高英语的理解力和表达力的同时，在汉语方面也应博览群书、熟悉各种体裁的文章、扩大汉语词汇量、丰富句式。只有汉语的词语、句式、表达手段、修辞手法增多，才能减少翻译时的局限性，才能有余地地选择妥帖的表达方式。与此同时，译者还应勤于练笔，通过强化实践巩固所学，提高行文能力。

第五，把握语境，提高语用能力。任何语言只有在一定的语境下才有意义。语境由社会环境和语言本身的因素构成，为表意提供了背景和条件。

综上所述，翻译是跨语言、跨文化的语际交流，是语用学的一种实践形式，在大学英语教学中，教师应鼓励和指导学生从细节做起，提高双语的造诣，加强语用意识，避免语用负迁移，在翻译中最大限度地实现原文的语用用意。

二、英语翻译教学中学生文化自信的培养

大学英语翻译教学中学生文化自信的培养主要有以下策略与方法。

第一，对《大学教学英语指南》进行相应的修改。作为指导大学英语教学重要文件的《大学英语教学指南》在培养和提高学生文化自信方面的作用是至关重要的。《大学教学英语指南》在课程的人文性方面提到，大学英语课程重要的任务之一是进行跨文化教育。语言是文化的载体，同时也是文化的组成部分，学生学习和掌握英语这一交流工具，除了学习、交流先进的科学技术或专业信息，还要了解国外的社会与文化，增进对不同文化的理解、对中外文化异同的意识，培养跨文化交际能力。

第二，提升大学英语教师的文化自信培养意识与素养。即使有了纲领性文件的指导，要想更好地完成在大学英语教学中提升学生文化自信的任务也需要具体的教学活动来加以实现。作为教学活动组织者的教师，首先，要树立在教学中提升学生文化自信的意识，要把文化自信的培养看成是自己不可推卸的责任，是自己教学活动的重要组成部分；其次，教师还要不断提升自身的中国文化素养和中国文化英语表达能力，由于长时间地接触英语所涉及的西方文化，因此，有些教师在教学过程中，可能就会不自觉地流露出不应该有的过度崇拜和追求，同时，对中国文化某些内容则了解和把握得不够准确和全面，不能在两

种文化的输出和输入之间保持一个恰当的平衡，进而造成学生文化和价值观念的偏差，文化自信不足。因而，只有教师自身的文化自信意识加强了，中国文化素养提高了，才能有效地在教学中加强对学生文化自信的培养。

第三，在课堂教学中加强中国文化内容的输入。虽然大学英语课程是以提高学生的英语语言技能为主要目的的一门课程，但是为了达到提高学生文化自信的目的，还需要在教学过程中，根据具体的教学内容适时适量地融入相关的中国文化元素，让学生能够在同一个平台上认识和体会两种文化，从而保证他们能够形成正确的文化差异意识，辩证认识不同文化的能力。

第四，在教材中增加中国文化内容。长期以来，大学英语教材中有关中国文化方面的内容较少，不利于学生文化自信的培养与提高。如果在教材编写的过程中坚持适量和关联的原则，把中国文化的某些内容系统有序地在教材中加以呈现。

第五，丰富有关中国文化方面的课外活动。课堂教学上的时间较为有限，要想更好地实现提升学生文化自信的目标，还应组织更多有关中国文化方面的课外活动。

三、英语翻译教学中学生思辨能力的培养

"翻译是外语综合能力的一个重要指标，是衡量一个人外语水平的重要标准之一"[①]。近年来，随着全球经济的一体化及全方位国际文化交流的蓬勃发展，对熟练掌握汉语和英语并能在两种语言中较为自由地进行转换翻译人才的需求也愈来愈高，因此，大学英语翻译教学必须置于跨文化的视域下，培养学生翻译学习中的文化思辨能力，即对语言中所积淀的文化因素要学会思考与辨别，增强其文化敏感意识，帮助学生突破翻译中的文化问题，识得文化，从而作出正确的理解与翻译。

在大学英语翻译教学中，重视学生对寄身于汉英两种语言中异质与同质文化因素的思辨能力的培养是翻译学习的活水之源，思考愈是趋于深入，对译事中的文化因素愈是敏感，愈是会在亦同亦异的辨析中，形成良好的学而思、思而学的互补学习方式。

第一，文化之思。翻译的矛盾实质上就是语言和文化的矛盾。如何培养学生化解二者之间矛盾的能力，主要由于实际的大学英语翻译教学中理论授课占的比重较少，因此，通过具体的译例比较解析来启发学生对英汉互译中文化因素的思考、辨析、审美判断及表现能力，由此及彼，是提高学生文化敏感性行之有效的方法之一。

第二，文化之辩。文化之思是前提，学生通过对源语进行解析，思考英汉文化的差异可以较为准确地判断词汇、句子、语篇等中存在两种文化中异质的内容。因此，翻译过

---

① 姚同安. 大学英语翻译教学摭谈 [J]. 大学教育，2015（11）：93.

程中不仅要教会学生对两种文化中异质的元素进行思考，还必须在两种文化中不断辨析游走，既要保留源语中深厚浓郁的文化气息，又要基本上符合译语读者的阅读习惯。同时，除了译文的同项比较，还应该培养学生的翻译类项比较能力，即对文化认知相似，而表述不同的语言形式进行辨别解析，既可找到两种文化脉动联系，亦能领会内容相似外在却五彩缤纷的世界文化博弈。教师要培养学生先思后辨，同中求异，异中求同，以课堂作为世界文化交流的小舞台，使得汉英两种文化通过翻译活动展开良性互动应该是值得提倡的。

综上所述，大学英语翻译教学中对学生文化思辨能力培养的重要性不言而喻。翻译教学的首要任务之一，就是开启学生对英汉两种语言文化差异更为纵深的理解之门。同时，从文化理解视角为学生提供进一步探索英汉语言不同的文化结构，以及两种文化精神中各自所透射出的独特的文学信号的广阔空间，帮助他们在翻译学习及实践中，对两种语言的文化因素进行解析甄别，提高其文化思辨能力及综合文化素养，并逐步提高其翻译水平。

第六章 大学英语翻译教学信息化研究

第一节 信息环境下英语翻译教学的优化

一、信息环境下英语翻译教学的优化原则

"在信息技术高速发展的时代环境下，人工智能逐渐渗透到大学英语教学领域，在辅助教学的过程中发挥着重要作用"[①]。在大学英语翻译课程教学中，可以借鉴引申教育生态学的相关理论，并从生态化研究角度，架构大学英语领域完整的理论体系，为课堂教学探究出保证生态系统动态平衡运转的方法渠道。以大学英语翻译课堂教学生态系统为基本，在探索该系统失衡的原因时，必须坚持教育课堂中生态学理论的主体指导地位。信息环境下英语翻译教学的优化原则，具体内容如下：

（一）最优化原则

只有从系统层面和整体视角对完整的教学过程进行审视，才能保证最优化程序的顺利进行。整个教学系统内部，各种教学元素都有着内在联系和互相作用。最优化原则，具体而言，就是保证教学方法、手段、内容、形式都在可控范围内的最优解，进而形成教学结构的最优化。大学英语的课堂教学兼具实践性和技能性，最优化研究作为宏大的时代命题，需要在教师教学和学生学习两个层面做到科学规范、组织严密、保障有力、开展有序。

通常而言，在大学英语类课程中，教学目标的完美实现需要依赖多种教学方式方法，并非某一种手段（如网络媒体教学）可以实现，其可以依托古今贯通、中西合璧等渠道，相互融合、共同生效。教学过程推动教学实践，教学效果对应课堂质量。在大学英语课堂教学中，正确选择恰当的教学方式方法、自主学习策略、网络立体化平台、评价反馈机制等，是促进课堂最优化的重要因素，还有教师对自身角色的定位以及教学资源的最优化利用等。

[①] 靳成达.信息化环境下人工智能在大学英语教学中的应用研究 [J].长春师范大学学报，2022，41（7）：163.

（二）兼容稳定教学的原则

大学英语课堂教学生态系统这种理想化生态环境的获得，要求教学课堂中的生态系统功能强大，既兼容系统内包含的各要素典型特征，又可以调节各要素间的相互依存、相互转换的作用关系，进而对课堂教学起到一定制约作用。特点决定功能、功能依靠元素，只有保证要素稳定和环境平衡，才能符合教育生态理论、促成要素兼容、环境和谐。

在英语类课程的课堂教学中，兼容是手段、稳定是目标，而在这个宏大的生态系统之中，教学链条则由教学的设施资料方法以及评价反馈机制等构成。教学目标、学习策略、媒介手段、课程设置、师生信念等一系列要素，将起到不可或缺的作用，它们相互作用且彼此依存，一损俱损，某一环节出现的问题会产生全局性影响，进而导致整个教学系统失衡。保证教学要素的相互兼容，简单而言，就是使网络信息技术深度兼容于教学要素，具体看来是通过学生之间、师生之间、学生与计算机之间的深层互动，体现出网络信息技术与英语的教学理念及方法的兼容。

英语课程与信息技术整合的核心，即师生之间可以在互动过程中充分展现各自的个性。从教师课堂演示讲解的角度来看，教师占主导地位，学生占辅助角色，二者各为中心，而在计算机网络学习中，二者发生对调。这里所说的对调和转换，是主体作用发生迁移而达成的相互兼容，有利于师生双方综合、巧妙地运用各种教学模式。如果在完整课堂教学生态系统中，将信息技术作为生命个体、作为有机组成部分，进行深度融合，最终打造人机一体的新型教学模式，则可以推动信息技术和教学方法、学习策略、软硬件环境相融合，并产生异乎寻常的教学效果，保证信息技术本身在教学工作中充分发挥作用。

（三）促进个体发展的原则

在使用信息技术构建课程内容时，必须坚持遵循以信息技术为主线原则，依托大体量的先进技术，开发建设多层次、全方位的计算机网络类课程，为学生创造优良的语言环境和学习条件。但是，提高教学效果的主旨目标在教学过程中，往往被外语教师所忽略，导致网络环境下教学发生贬值使用、超量使用等误用现象。平稳"促进"的前提是有效"制约"，而合理"制约"也可以引导稳步"促进"，双向良性循环保证英语教学的课程环境和谐融洽、发展进步和自然共生。英语教学要坚持运用适用性原则进行所谓网络信息技术与教学课程的相互整合，应用信息资源绝非摒弃全部非信息资源，而是要依托教学实际、围绕学生主体、采用合理方法、恰当结合手段，以达到教学过程组织开展的最优化。

同时，伴随适用性原则，英语翻译还需要坚持遵循个别化针对性教学原则，即着眼于促进个体发展。得益于网络环境发展、信息技术普及，教学人员可以利用自身教学水平，更好地发挥因材施教的现实意义，优秀生可以获取到水平更高、难度更大的学校资料，后进生也能借助网络获得匹配自身实际的课程内容。由于知识基础不同、接受能力不同，其对应的水平层次也不同，教学人员能够以此为依据，为学生量身打造适合的目标计划。因此，依托网络环境为学生搭建一个涵盖大体量资源、摆脱时间空间限制的自由自主学习课堂，可以帮助学生自主自觉地学习，充分发挥其独有的学习风格，从师生层面共同诠释个性化针对性教学原则带来的效益。

（四）学生主导式自主学习原则

"主导式自主学习"的学习模式表现的是累积性和目标指向性，讲求学生借助教学目标进行宏观指导、依靠教师进行科学引导，充分发挥学习主观能动性，有机结合国家政策、教师指导和学生自主三个部分。只要师生之间的指导帮助和自主学习能够得到积极互动和深度融合，学生自主学习的主导性和有效性便可以充分发挥。换言之，在教学人员层面，适当地体现主导地位、把握主导方式，可以深入推动学生培养自主学习意识、提高知识应用能力。在英语教学领域，其本身的生态系统始终保持着动态平衡，学生的认知过程，伴随着学生本身对知识的了解学习、归纳总结、高层次演绎，处于平衡、失衡、再平衡的循环动态过程，并不断地进行优化与更新。

但是，需要注意的是：学生如果只依靠自身努力而缺乏教学人员的监护引导，永远不会成为一个高层次的知识建构者，而教师作为重要的链条环节，直接决定了学生能否具备可持续的发展能力。从生物多样性的差异化角度来看，作为多样化生态位的典型代表，每个学生都有自己专属的认知方式、行为习惯、思考维度和心理层次，他们是不同的认知主体。只有教学人员在学生面对海量资源无从下手时进行个性化辅导、针对性帮助、目的性引导，帮助学生树立学习目标、定制学习计划、优化学习攻略，师生才能找准属于自己的生态链条位置，保障英语课程的课堂教学系统平稳运行、良性循环。

（五）多元化互动教学原则

基于网络时代新环境背景下，学生之间、师生之间、学生与计算机之间深层互动，称为多元互动教学。它的典型属性是将双向性、多向性二者融入信息处理的典型过程，并在语言入口和出口发挥协同作用。唯有激发学生在学习起点处的认知驱动力、保障网络环境的先决条件，才能助推学生主动构建和整合英语学习的全部过程。作为一项交流性技能，在语言教学中，必须重视其实践性质和互动需求，只有保证语言的交流、保障语言的输入、维护语言的交互，才能达到良好的学习效果。

在与对方进行语言互动过程中，学生可以从自身出发，关注语言输出、关注联动作用、关注新说法新现象，进一步提高语言词汇量、认清自身水平短板，进而修正输出、提高自身水平。从目前新时代的网络环境角度来看，大学生英语网络课堂已被绝大多数高校所使用，其基本上都依托互联网和校园网的优势，搭建虚拟化教学平台等。在这样的环境下，学生通过聊天室、邮箱（E-mail）、小组互动等手段形式开展交流，其口语交际的水平得到长足提升。总而言之，多元化互动教学在英语课程教学中的地位日趋明显、应用日趋广泛，正成为课堂优化的大势所趋。

二、信息环境下英语翻译教学的优化框架

"信息技术的迅猛发展为外语教学的改革提供了便利的平台"[1]。长期以信息技术为主导进行大学英语教学而忽视传统教学手段，将会产生一些不必要的影响和差异，长此以往会导致排异现象的发生，但并不是信息技术无益于大学英语教学，只是从目前我国网络环境以及技术现状而言，网络教学还需要很长时间的磨合和发展。大学英语教育创新发展之路要进行不断优化和完善，其中不仅需要教师队伍专业程度的优化，而且需要学生进行自我学习优化，二者是相辅相成而又相互独立的关系，教师专业优化是学生自我优化的前提条件，同时配合环境进行补充。环境条件与教师、学生优化三者缺一不可，共同组建大学英语生态教育环境。

（一）构建教师教学发展框架

如今，大学英语教学的主体已经越来越倾向于学生，但是教师在其中的地位依然很重要，教师的优化是大学英语生态建设中的重要环节。现代大学英语教育因为信息技术的引入而变得丰富多彩，也为大学英语创新教育提供了基础。但是，信息技术的发展对于大学英语试点教育而言，存在着一定挑战，还需要教师队伍不断增加自身专业技能，以便适应教育改革的发展。

学习型教师对于当今大学英语教育队伍创建必不可少，同时也是大学英语教育改革的发展需要。面对新挑战和新机遇，教师只有不断强化自身实力，培养创新意识，积极学习先进教育知识，才能在网络教育优化工作中奉献自己的力量。教师队伍优化应该秉承多元、主导式以及兼容的思想战略原则，鼓励教师进行自主建设，提倡教师进行自我完善和学习，培养现代化教师的发展框架。

① 雷黎，龙玲珑. 信息技术环境下大学英语翻译教学改革研究 [J]. 环球市场，2017（32）：157.

1. 教师教学信念的优化

信息技术的高速发展带动了教育环境的提升，对此，外语教师应当不断完善自身现代化教学思维，提升教育创新意识，建立先进的教学观念，本着不断反思和批判的教学精神进行教育优化。面对当前的网络教学环境，要培养具有批判精神的学生主体，教师要具备批判思维，这与教师接触的文化社会环境息息相关，同时需要教师在现代课堂中不断进行实践和总结。现代化教学生态环境建设离不开信息技术的支持和帮助，为此，教师要学会把信息技术作为教学工具，利用信息技术的特点和优势进行学习交流，帮助学生创造一个良好的信息化教学环境。

（1）现代网络教学应当具备终身教育观的思想。终身教育观是大学英语教师需要具备的一种思想观念。现代信息时代需要大量创新型人才，大学英语教育更要不断培养创新人才，并且教育是一个长期发展的过程，在教育过程中要让学生学会现代化社会需要的技能。

（2）现代化信息教育生态体系的建立，离不开社会、学校以及人文环境的相互帮助和扶持。大学英语改革需要一定政策扶持，同时在教育体系改革方面应当增加学生的自我学习能力，减少不必要的考试压力。在教师评价体系方面，应进行深入改革，努力创建符合现代生态教育的评价体系。现代课堂生态体系的建立，需要教师建立长期稳定的教学信念，同时进行不断的完善和优化总结。

2. 教师信息素养的优化

虽然现在大多数大学英语教师已经具备了一定的信息意识，但是其专业的信息知识还很匮乏，所以，大学英语教师在信息知识方面的培养和学习应当予以加强。新时代，复合型教育人才是现代网络教学发展的基础，对于现代网络信息英语教育而言，大学英语教师应当具备三方面技术才能：①要具备一定的计算机专业知识；②能够独立制作网络教学课件；③教师要了解计算机的工作原理，熟悉多媒体技术的应用以及开发，能够建立准确的数据库信息源。掌握这三个基础技能才能有效适应现代网络教学发展，从我国目前教育现状来看，大部分高校英语教师仍不具备这三项基本技能。

在具体教学过程中，教师信息素养和信息教学能力包括以下细节：能够根据学生的优势和劣势，通过信息技术因材施教；能够利用先进的信息技术解决学生在学习中遇到的问题，并且帮助学生养成独立思考的能力；教会学生如何进行自我学习，帮助学生面对不同的学习计划进行改变和适应；帮助学生进行自我监控以及自我评估。教师只有在拥有教学信念的前提条件下，才能更好地利用信息素养，用多元的教学方法优化课堂教育。

3.课堂教学方法多元化

（1）现代化的教学方法改进。教师应当根据现代生态教学系统的基础理论进行生态教育改进，将学生的自我学习能力培养作为改进的核心部分，并且根据现代教育对学生进行培养以及制订教学计划，着力培养学生的自我学习能力以及认知能力，同时对传统教学模式进行改进和优化，创建开放式的教学模式，传统的教学重点是如何教会学生掌握基础的语言知识，而现代化的教学重点，是如何培养学生的听写能力以及语言文化理解能力。因此，传统的封闭式教学模式已经不能适应现代教育体系的发展需要。现代化生态教育体系要求教师将学生作为教育主体，创立互动式的教学课堂，培养师生间的关系。

（2）现代教学方法优化要建立在传统教学方法之上。兼容是目前生态教育改革的核心思想，传统的教学理念中也有需要继承的优点，只有将传统教学体系中的优势与现代教学体系进行融合和补充，才能建立有效的教学体系。兼容的优化方法保留了传统课堂中的研讨、论文以及演讲等科目，同时融合现代教育体系中的情景假设以及会话商谈，这样的案例是典型的生态化兼容。

（3）教学方法的多元化。不同的学习者有着不同的学习方法，影响着教学目标和教学方法的设定和改进。对于学生的多元化需求，教师应当采取多元化的教育方法，建立不同形式的课堂，有助于激发学生的学习兴趣，同时根据不同学生的能力基础因材施教，单一的教学模式已经不能适应现代化的教学发展，所以多元化的课程安排以及多元化的教学方法是重中之重。所以，大学英语教育优化改革应当建立在正确的教学观基础上，同时进行教师的信息素养优化，值得注意的是现代化教师发展框架是现代生态教育体系建立的核心。综上所述，大学英语教师的综合素质教育是网络教育体系建立的基础，只有将二者进行有机融合才能发挥出最大优势。

（二）构建学生自主学习能力培养框架

现代化大学英语要以培养学生的语言学习习惯为主导，以培养学生自主学习为核心，引导其在科技和社会发展进程中不断提高自身认知水平，提升终身学习能力。学校如果想要实现"学习和思维联合发展"，需要利用创新具备的启发功能、研究功能、讨论功能以及参与感教学形式，帮助学生养成良好的学习习惯。要加强对学生好奇心的激发和兴趣的培养，培养学生独立思考、探索创新的能力。

在互联网发展下的大学英语教学，其学术观念在学习观、学习素养、学习方式和教师监督方面存在诸多问题。教师要引导学生进行观念上的改变，提升学生的信息素质，帮助学生建立在互联网下的自主学习能力，加大对学生自主学习能力的监管力度，给学生创造具有科学性、优良性的英语学习环境，通过互联网下自主学习，促进大学英语课堂教学的发展；搭建一个适合学生自主能力培养的平台，以此发展学生的自主学习观念、信息素养、学习目的、自主学习策略；要将表面和内在培训同步进行、注重对其学习情绪的引导、加大对学习的监督力度、搭建自主学习策略群，通过这些途径支撑自主学习平台的发展。

1. 培养显性和隐性自主学习能力

具有针对性的教学方式和教学模式是大学英语教师在教学过程中所要运用的内容。教师的主导作用毋庸置疑，即从"显性"和"隐性"两个层面引导学生在学习策略和学习理论上进行学习。

（1）对学生强化"显性"培训。刚入学是学生学习语言的最好时机，在新生中开展自主学习培训课程，加强教师的主引导作用，开展一个月左右的语言观念和学习策略的"显性"培训，是提高学生语言认知、形成语言策略概念、帮助学生自我反思和自我管理的过程，有利于学生元认知能力的培养。

（2）对学生进行"隐性"培训。在英语教学过程中，教师要将自主学习贯穿始终。例如，学习初期要求学生制订相关教学计划，并在教学计划上进一步将其细分为月度教学计划、周教学计划等；在教学中贯彻自主学习理念，可以促进学生自主学习意识的提高；通过内在动机的培养和激发，可以帮助学生爱上英语、享受英语学习的乐趣。

2. 调节学生的自主学习情绪

（1）教师要引导学生利用互联网进行学习，并在自主学习中学会情感的控制和管理。

（2）教师的人格魅力和人文关怀是帮助学生调整焦虑情绪的有效途径，要将这种传统讲台上的精神融入互联网学习环境中。

（3）为了缓解学生对网络产生不安全、焦虑的情绪，教师要对其进行引导。

3. 增强学生自主学习的监控

互联网环境下自主学习导致生态失衡的原因是学习的监控与管理落后。互联网环境充满了诱惑，学生恰好又处在培养自主和自立过程的阶段，他们的自我控制水平尚处于发展阶段，不能很好地抵制诱惑。

如果学生要在自主学习过程中保持良好的自控力，需要通过打造具有科学性的多元监控系统，帮助学生解决这一问题。对此，要充分发挥学校相关部门、辅导员、教师、互联网平台和学术观念之间的相互协调作用，使其参与自主学习中的相关环节，打造多元监控体系，可以通过以下形式进行监控和管理：学生和学生之间互相监督（相互监督学习过程和评价学习结果，并提出相应的问题和解决方法）；班主任以及辅导员角色的运用（引导学生建立人生观、教育观、教会学生进行时间管理）。学生自主学习进程的控制以及管理，相关注册、登记、学习时间记录、学习内容等解析和评价，相关问题的解答，教师和学生、学生和学生之间的交流和沟通，在此基础上形成相应的学习报告，为教师的评价和教学计划的修改提供参考意见。

总而言之，自主学习能力的培养要从策略出发。但是，互联网环境下大学英语自主学习策略尚未完善，在互联网环境中学术观念还不能够利用学习策略辅助学习。

4. 建设学生自主学习策略群

（1）学习资源管理策略。有利于学生利用互联网环境和学习资源的一种策略。以帮助学生适应互联网环境为目的，是一种对学生自主学习具有促进作用的方式。学习资源管理包括时间管理、学习环境管理和寻求他人帮助等策略。

第一，时间管理策略。元认知策略包含互联网的时间管理策略，这是自主学习的整体时间分配规划。例：设定相关学习时间表、在对应的时间点做好学习进度记录；在互联网学习中对时间和效率进行解析；利用互联网新环境下自主学习，合理安排时间，对相应的学习内容作出具体规划，安排好在互联网环境、实际教学环境中的时间等。

第二，学习环境管理策略。互联网提供了更多的信息和资源，自主学习更要持开放态度，学生要进行身份转化，提高自身信息技术素养，利用高新技术和互联网资源进行学习，听从教师引导、学生建议，共同营造良好的学习氛围，在轻松和谐的互联网功能环境下开展自主学习，提高自我反思、自我解决问题、自我创新的能力。

第三，寻求他人帮助策略。在互联网环境下进行自主学习，向他人寻求帮助是非常重要的。网络上丰富的资源往往会让学生不知所措，进而产生不良的情绪，甚至产生厌学情绪，使学习陷入困境，这时可以通过他人帮助走出困境，如向教师、学生寻求帮助，通过小组讨论等形式解决问题，因为自主学习是一个相互交流、相互沟通的学习方式。

（2）目标性资源管理策略（包含模糊策略）。互联网下的自主学习具有非常多的优势，包括资源的多模态和无限性，但是需要目标性资源发挥管理作用，否则学生将会陷入互联网的迷惑中。中国已经建立了多个大学数字博物馆，互联网上有很多学习资源，学生可以通过互联网学习国外一流大学的精品公开课，如哈佛大学、麻省理工大学等，而人们正身处具有大量数据、大量资源的时代，目标性管理的作用毋庸置疑。

总而言之，高校只有实现目标性管理策略，对接收到的资源进行解析和判断，并作出合理批判性继承，才能激发学生批判性思维的开发和发展。学生掌握了这些基本准则后，才能在网络环境下有目标性地自主构建学习资源和知识体系。

（3）情景性策略。虚拟实验室的建立使得现实和虚拟世界得到联通，语言教学中的情景交融得到实现，能够在虚拟环境中融入人的声音和相关肢体语言。这是一种可视化的环境，学生可以通过模拟场景进行学习和交流；在仿真环境中，学生可以进行情景的对话、可视化口译，获得较为全面的信息，有助于学生语言运用能力的提升；在系统合成技术下，学生可以对学习过程进行录制和讨论。

情境性策略具有仿真性和多样性，是帮助学生提高学习效率和培养学习兴趣的重要手段。教学要实现情景性策略，还需要目标性资源管理的支持。学生在互联网上获得的信息和资料都可以进行共享，通过线上答疑、课程讨论等形式，创建互联网学习社群。教师要积极营造虚拟环境，帮助大学生进入情景中，促进其自主学习能力的提高。

（4）自主学习互动策略。通过现实环境的模拟，通过互联网实现教师和学生、学生和学生之间的信息交流和讨论，是将知识由陈述性转变为程序性的一个过程。美国心理学家班杜拉提出交互理论，该理论认为个体、行为和环境是相互作用的。互联网环境中的自主学习需要线上教学辅助，是一个人和机器、任何人、教师和学生之间互动和交流的新的学习方式，不仅需要学生参与，还需要教师引导，更需要教师在教学中积极创设良好的学习环境。

（5）数据驱动学习策略。数据驱动学习指在自主学习过程中，学生通过语料库进行相关查询和检索工作的过程。学生通过关键词的搜索，可以找到很多相关语法、语境的运用知识。在这种具有自主式、探索式的学习模式下，学生角色发生了转变，成为自主学习的主体；教师的角色也发生变化，起到引导作用，帮助学生获取信息、调动思考，提出相关问题以及建议等。

（6）批判性学习策略。在传统教学环境中，教师是主体和权威，这种教学方式打压了学生的批判性思维，不利于学生形成创新性思维。互联网环境下自主学习，使教师和学生的角色发生了变化，他们是平等的。专家们提出的教师权威观点已经不需要被全盘接受和执行，学生要发挥开阔性思维，不能断章取义。事实上，学生在互联网上获得大量信息，可以根据认知对教师和专家的观点以及思想提出自己的想法，做到不盲从，从而进行批判性接受。这种方式是培养学生创新意识和批判性思维的重要手段，是帮助培养复合型人才的有效方法。

（7）内省策略及追溯策略。学生在自我反思、自我认知和梳理过程中，找到适用于自己的学习方式以及解决问题方法的操作，是学习策略的指导意见。这个策略在互联网环境下自主学习中具有决定性作用，其运用直接决定学生学习效率的高低。学生要学会运用这种方法找到解决问题的办法，并建立自主学习电子档案，对积累的问题进行解析，在提高学习效率的同时，培养思考能力、推理论证能力，是创新型人才培养的一个过程。

（8）自我调节策略。网络环境下学生自主学习需要在内省策略及追溯策略应用基础上，学会对自身学习过程进行有效自我调节。在电子反思档案中，学生能够明确知晓自身存在的不足和需要改进的地方，能够找到问题根源，并利用自身能力找到相应的解决办法和调整方式，进而形成一种对学习有帮助的解决问题办法。

（9）采用基于问题的学习策略。基于问题的学习策略（PBL）是一种学习方式，是学习者在系统方法论指导下进行解决问题和排除生活、工作中困难的过程。PBL 和建构主义学习理论具有相似之处，主要是以通过小组讨论获得相关问题解决方案为主的一种方式，学生在自主学习中通过协同合作共商解决方案。互联网环境下 PBL 策略主要有以下步骤：相关问题设计，创建小组，问题探讨，学习目标的确认，自主学习过程，自主学习成果汇报，教师评价，学生评价，问题总结。

（10）抛锚式学习策略。这是一种在电脑技术下的虚拟化情景学习。互联网环境是一种多技术整合的学习环境，学生的学习过程是一种真实发生的事件，学到的知识具有较高的可移动性。这种多场景的虚拟学习环境能够帮助学生提高知识迁移能力和解决问题能力。

在互联网环境下进行抛锚式学习，是利用电脑技术和互联网构建的特定场景进行交流和互动的过程，在宏观情景中将锚定问题抛出，并延伸出其他相关问题。这种具有宏背景创造的学习方式，能够让学生的学习更加投入和认真。抛锚式学习策略运用在大学英语自主学习中，是一种类似于影响资源在互联网中运用的过程。它具有简单、高效的作用，并且受到学生欢迎。对此，教师要对这种学习方式进行推广和鼓励。

（11）支架式学习策略。支架式学习的策略，能够加深学生对知识的理解，并形成永久记忆，还能够提升学生解决问题的能力。因此，分解学习任务是非常有必要的，将复杂的问题简化之后，学习者的学习信心会有所提高，对知识的理解也会由浅入深。

支架式学习策略在运用领域中要考虑学习对象、教学环境和教学内容等影响，要设置对学生发展有利的学习任务，在自主学习过程中有引导性地指导学生进行学习资料的筛选；在互联网环境中利用电脑技术拓展学生的知识背景、学习目的，引导学生构建具有平衡发展的学习系统。同时，考虑社会文化背景的影响，开展人际写作活动，以此巩固知识，将教学的控制权由教师转化为学生，提高学生的自主学习能力。

（12）加大自主学习外部监控力度的学习框架，通过最优原则，引导学生在网络环境中更好地学习大学英语，通过自主学习的相关调研数据进行解析和总结，得出互联网环境下大学生自主学习英语的策略性指导意见。

（三）优化大学英语翻译课堂的环境建设

课堂教学很容易发生生态失衡，一个十分重要的原因是课堂支持环境层面不够良好，传统的教学观念是教师输出，学生输入，而现在的教学环境，主要是以教师为主导地位，以学生学习为主体，人与人之间通过互动学习。如今，大学英语的教学环境已经更加生态化，是一个生态系统，并且正在动态发展，在这个系统以及环境中，学生永远是学习主体，并且各个要素之间需要协调发展，形成和谐统一的关系。教学优化原则是使得生态能够互相兼容，并且对个体发展进行促进，需要思考大学网络环境下，如何开展大学英语教程的问题，同时需要进行环境优化，使教学资源能够得到个性化发展，并且加强平台建设。

1. 生态融合型多元课程设置

大学英语课程建设在整体大网络环境下需要进行生态融合，必须要遵循的规则包括：①学科融合性原则。学科融合性原则，是在课堂教学中融入计算机和信息技术，对于与之相关的外语课程也要积极进行开设。所以在课堂教学中，除了大学英语，还要进行丰富的学科知识内容讲解，从而扩充学生的知识量，开阔眼界，使知识兼容性更加优良，使学生成为综合学科型人才，提高自身素质。②以学生为中心原则。教师需要对学生的基础知识以及起点和自身情况进行深刻了解，调动其主观能动性，激发其学习需求，平衡知识的输入和输出，让学生能够深层次地理解知识。③生态意识或理念渗透原则。在教学的各个环节中，不仅可以渗透教育生态学的整体关联性，还可以包含动态平衡理念，在对大学英语课程进行设计时，也需要依据人才培养目标以及学生需求进行设计。

以地方高校特色为依据，进一步完善大学英语课程建设的具体措施，可以从以下方面着手：

（1）口语课程、跨文化交际课程与传统读写、听说课程的生态化兼容。大学英语会对基础教学进行设计，但是一定要遵从和谐发展的原则，并且合乎教育生态兼容学理念。基础教学包含四个学期，会对文化教学的内容重点进行导入，这种文化式的教学是嵌入式的，在基础教学阶段所采用的教学模式是小班辅导以及网络教学相结合的方式，课程内容主要为视听说。教师会在面授课程上对学生学习的内容进行一定程度检测，并且根据学生学习情况，为学生设置课堂任务，其中多为口语课。

在应用教学阶段，教师注重培养学生的语言应用能力，常常在第五到第七个学期进行教学，这种课程可以开阔学生的国际视野，并且让学生有意识地进行跨文化交际，进行自主创业，提升就业能力。在这类课程中开设的多为跨文化交际课以及外语类听说选修等；在增强学生对文化利用能力方面的过程中，可以让学生通过讲座和第二课堂等方式进行了解，增强学生的综合能力。

（2）倡导多元化和个性化的网络课程。为了使课程资源能够可持续发展，教学原则应该兼容以及兼顾差异性和多元化，在网络选修课程中，可以加入专业的用途英语，所以英语教师可以与各种专业教师进行交流，进而制定一份符合教学情况的英语大纲，进而提高学生自身竞争力。

（3）优化网络选修课程建设质量。由于网络英语课堂教程生态失衡，所以要进一步加大对网络英语开发的力度，同时创建团队，加大力度开发网络英语课程，从而使课堂和网络教程能够融合为一个整体，更好地进行监督和管理。在网络课程中，可以为教师配备助教与更加优良的建设网络教育平台，所以，教师要将经历和资费投入网络平台的功能以及技术建设上，从而设计出更好的网络课程。

对于网络课程而言，也要重视其应用，设计师要根据学习者的需求进行设计，教师需要通过教学方法，调动学生的积极性，并且在网络课上分享教学经验，从而让学生之间进行更加高效的讨论，同时给予学生相应指导。实行奖励制度，通过团队组建、任务或主题布置，鼓励学生探究式自主学习，使学生的自主学习能力得到提高。

2. 生态化多元评价体系建设

如果要对教学效果进行检验，需要学生对教师进行评价以及教师自我评价，评价一定要具有科学性，不能只注重结果，还要对实践过程中所体现出的信息进行解析，要综合评价教师在课堂中的各项能力。另外，在大学英语教学中占据主导优势的仍然是终结性评价，这是一种不规范的评估方式。在评价体系中，没有学生这一主体。所以，评价体系属于失调的体系，要优化大学英语课堂的评价体系，需要做到以下三个方面：

（1）评价的具体内容一定要细化。在评价内容中，学习者的学习细节以及该过程中所表现出的能力和今后发展都是评价依据，应对态度、策略和学习效果进行综合性评价，同时分等级进行描述，可以在网上为学生建立自主学习档案袋，使教师能够对这一档案袋进行观察解析，并对其自主学习结果进行评价，最终，教师会对评价进行综合，其中计分量表一定需要统一，要细化学生每一个评价分值，还要监控教师评价，以免教师随意打分。

（2）评价内容是终结性的，对其进行丰富是必要的。这种评价方式比较传统，是一种对学生学习程度进行基本评价的手段，检测方式多为考试，包括期中、期末考试和单元检测。在大学对学生进行阶段性学习评价的方式中，考试评价方式仍然占有主要的地位，有固定单一的形式，在网络大环境下，终结性评价具有多元化的特征，并且随着对教学手段和环境不断迎合，其评价也会不断地进行创新，主要依赖动态的生态环境，例如，评价可以运用展示成果的方式，教师给学生布置的学习任务就是教学成果，可以按照小组形成进行作业行动，从对学习成果质量评价中，学生能够获得相应知识，同时在这种评价过程中，学生也可以对所学的知识进行实践性应用。

（3）在评价过程中，学生和教师可以共同参与。在评价时，学生要成为重要的主体，教师以及学生可以作为评价者与被评价者，可以进行身份互换，对每一个环节都进行监督和考评，这些教师教学的环节包含教学目标的明确性，以及是否有完善的学习计划，能否运用恰当的教学策略等。

此外，在教学优化框架中有一个十分重要的内容是生态化多元评价体系，学生的层次是不同的，所以在实践过程中，需要细化学生的学习内容，不同类别的学生评价体系也应当有所差别，由于现今处于大信息数据时代，所以评价体系也应当不断变化、创新，以适应时代发展。

3. 生态化特色网络教学资源和平台建设

教学资源要通过教师为学生进行提供，在对多维信息进行传递交换时，一个重要的媒介是工具性资源，教师可以为学生打造一个真实的教学情境，其利用的手段为现代信息技术认知工具，除此之外还有文字、音像等。多媒体教学资源是课程内容延伸的最终结果，能够将信息化的展示运用到实际课堂中，丰富课堂的信息，使教师可以创设虚拟的学习空间，在网络平台上进行资源共享，进而使学生个性化的需求得到满足。但是，现在还没有充分地对大学英语网络的资源进行利用，又缺少足够资源，教学平台不够智能化，所以可以通过以下两个方面改善这一现象。

（1）在整体网络环境下，多媒体教学软件的建设势在必行。这种软件可以对英语教学资源进行优化配置，让学生能够分层次地进行学习，满足其个性化需求，同时让学生的学习不局限于个体空间，在网络软件中，应当加入丰富的教学资源，对于专业英语网络选修课可以通过课程平台进行优化。

在网络课程教材设计时，要注重课程任务以及信息化问题的设计，将信息化的教学模式融入课程设计。同时，资源优化还有其他途径，如自动语音评测系统，除此之外，作文评测系统也是一个途径。只要在软件中输入学生信息以及兴趣爱好以及需求，软件便可以有针对性地为学生提供个性化的服务，信息平台的建设要被广大学生所接受，可以建立一个知识型语料库，并且加入智能化搜索功能。语料库的技术可以整合网络上各种学习资源，使学生在进行信息检索时，能够更加高速、高效地进行语言任务的学习。

（2）积极采用虚拟现实技术。这一技术可以对三维虚拟语言进行开发，并提供一个语言环境，学生可以探索这个虚拟世界，从而发现自己的学习内容。对语言的实际应用进行把握，比较具体的项目有：虚拟酒店服务和银行接待等。学习者在这种学习环境中会受到情境的吸引，使学习兴趣得到大幅度提高，并且网络资源也要进行优化组合，为此需要遵循以下原则：

第一，智能化管理。智能型的网络平台不仅能够对学生起到监督作用，同时，可以根据学生个性化进行针对性指导。每个学生的学习状况都会受到关注，并且还会定时提醒学生，其中运用的渠道是电子邮件，如果学生提醒没有效果，教师则可以强制终止学生的上网，同时也可以对学生进行个性化指导。

第二，学习内容的个性化。网络上的学习有很多层次，例如，学习、练习和测试，要区别对待学习知识和学习技能。对知识和技能水平的测试也一定要区分开来，要将测试水准分成等级，学习才能更加个性化。

第三，要以学生为中心。学校要对学生的主体地位进行考虑后再设计系统，学生对于自我学习具有决策权，所以需要考虑学生学习的进度和时间，对于不同的学生也可以进行个性化考虑，如学生的学习风格和学习动机、学习水平等。学生一定要有自主权，才能够使得以学生为中心的理念贯穿到教学中。

第四，自动反馈。英语学习的课堂，在网络大环境下是一种自主学习模式，所以要重视学生的自主学习效果，并且进行及时反馈。网络平台应当提供自动反馈功能，可以让学生了解自己的学习进度，同时对学生产生心理上的激励，让他们能够更加积极主动地进行自主学习。

总而言之，如果要对英语课堂进行优化配置，需要建设校本特色的网络教育平台，学校要有先进的团队和组织，还要有一定的人力、物力和财力以及技术资源，与此同时，要不断创新，让大学英语教程能够在质量上得到提高。

第二节 信息化下英语翻译教学的有效方法

一、基于信息化时代构建英语翻译的教学模式

如今，大学英语教育是多元化的，更加注重为社会经济发展培养出拥有多种技能的人才，学生学习英语是工作的需要。因此，英语教师应该在教学生学习日常用语的同时，将学生所学的翻译专业用语融入课堂，教授学生对未来工作有帮助的翻译词汇，这样才能为学生的翻译技能加分。将翻译专业用语融入课堂，可以减少学生单独学习翻译词语的时间，也可以降低学生学习专业用语的难度，进而提高学生的学习效率。

"当今时代高度发达的信息技术已被各个领域广泛应用"[①]。在信息化时代，所有信息相辅相成，具有多元化特点。教师应该利用信息化时代的特点，收集更多翻译知识点传授给学生，使学生掌握更多翻译知识，帮助学生更好地融入社会。大学翻译课堂的特点是没有活力，基本上教师在讲解课文，学生被动地接受知识。因此，营造良好的翻译学习氛围十分关键，教师可以在课堂上提出问题，让学生进行小组讨论，使翻译课堂氛围变得更加活跃、有趣，从而集中学生的注意力，激发学生对学习的兴趣。

二、基于信息化时代创新英语翻译的教学方法

信息化教学方式的重点突出对象是学生而非教师，教师可以结合多种教学方法，提高学生的翻译学习能力，如情景再现，教师可以播放一段视频，让学生模仿视频中的内容，或者教师与学生进行互动，从而提高学生的口语能力。同时，教师也可以让学生用英语描述一件事，从而提高学生的语言表达能力。

随着信息化时代的发展与推进，改革后的大学英语翻译类教学的内容包含更加广泛的知识，并且教学方式也变得更加多样化。多样化的教学模式将现代信息技术与传统教学模式相结合，从而构建符合当代大学生发展时代潮流的教学模式，逐步推进成为现代化信息技术教学未来发展的必然方向。在整合线上学习资源、创新教学模式、改革教学方法后，不仅能够在当今信息化背景下，有效地对大学英语多样教学模式进行相应改革，提升学生的英语能力，也为其日后良好发展奠定坚实的基础。

[①] 陆莉莉. 信息技术环境下英语翻译教学模式构建 [J]. 高教学刊，2016（17）：133.

第三节　信息化助力英语跨文化翻译教学

在信息化的背景下，传统教学模式需要结合现代教育技术来促进教学，面对这样的时代变革，教师要实时转变，努力学习先进教学技术手段改善教学。目前英语学习的软件有许多，主要是聚焦于一些技能性的词汇训练，无法满足有一些基础学习者的跨文化诉求，因此，市场急需一款针对跨文化翻译的英语学习软件，助力英语跨文化翻译教学。

一、利用科技技术开发英语跨文化翻译软件

随着移动互联网的发展，英语学习类软件（App）作为新型的移动学习资源，充分利用了移动设备的优势和强大的学习功能，为语言学习者提供了更生动活泼的学习平台。英语类学习 App 已经成为英语学习的一种重要工具，因此，利用好英语学习类 App 资源非常重要，可以促进学习效果的进一步提升，同时增强学习者的学习兴趣。

科技企业应该积极对英语类学习 App 进行市场调研和解析，努力研发有创新特色的学习类 App，只有基于市场的需求开发设计 App，才能够长久满足英语学习者的需求。让学生在学习语言知识的同时，积累知识背后的文化知识，同时，教师在应用 App 的同时，夯实自己的学术知识，开阔自己的视野，增强文化意识。科技企业应致力于开发一款专门辅助于大学英语学习的跨文化翻译 App，为大学英语教师和学生提供一个学习大学英语跨文化翻译的综合性交互平台，帮助学生培养自主学习能力，也为大学英语教学提供辅助的教学手段，这样的英语跨文化学习 App 开发具有十分重要的现实意义。

另外，针对目前高校英语教学资源聚焦于词汇和语法训练，因此，开发与设计大学英语跨文化翻译的 App，应将大学英语的跨文化知识，融入用户的交互式模式设计，为广大高校教师和学生提供跨文化知识和背景，用清新、生动、时代感的文字以及视频信息给予他们支持，丰富学习者的学习资源。同时，App 可以用于辅助大学英语教学，成为大学英语"混合教学"的辅助手段，推动大学英语跨文化翻译教学的改革和进步。

二、利用科技软件促进英语跨文化翻译教学

第一，作为教学主导的教师，应努力做到结合传统理论，把现代技术运用到自己的英语跨文化翻译教学中，实时转变教学策略，要善于学习现代英语教学信息技术，结合传统教学方法和翻译理论，让大学英语教学顺应时代的发展。教师还要不断思考前进中的问

题，积极解决教学中遇到的难题。

第二，大学英语跨文化翻译 App 功能包括多个模块，分为课前、课中、课后的多样化的组合方式。在课前的训练阶段，学习者可以通过观看视频提前学习授课内容，深入学习和研究课上将要学习的知识内容；而教师则根据学习者所做的学习任务解析，之后再进一步制订学习计划，从而为后面的学习资料的补充提供科学依据，进而可以通过服务器推送端给学习者提供更加丰富的知识内容。

第三，学习者不但可以自学平台所提供的学习内容，还可以通过这样的平台和其他同伴进行学习交流，彼此组成学习小组，共同探讨和研究平台提供的学习内容，探讨疑惑，彼此给对方解答问题；教师则可以在服务端知晓学习者遇到的问题，为下一步要进行的课程设计安排提供依据，这样有利于教学的进一步开展和进行。这从情感方面让教师和学习者，都有了一个平等的身份，给予这样平等的对话一定更加能够促进教育教学的有效进行。

第四，为了紧跟大学英语教学改革的需要，大学英语跨文化翻译 App，应在此模块设计上取众多词汇 App 的设计和互动的优点，在设计上侧重词汇的文化信息传播，在语言语境和文化背景下来记忆单词和训练单词，达到理解和消化吸收。

第五，跨文化学习的软件帮助学习者掌握英语学习中的跨文化翻译知识，软件数据库应选用大学英语读写教程，作为学习者学习的材料。通过不断地让学习者体验不同单词的词性运用，来充分体会文章的文化内涵。在文本词汇阶段，设计词汇文化背景信息、词汇的来源、词形的演变，以及词汇在具体语境中的意义进行分类学习。

总而言之，将跨文化内容通过统计、整理融入用户交互式行为模式的设计，为广大高校教师和学生提供更加生动的英语学科文化背景知识和应用途径，为他们未来更进一步的英语学习提供更多文化资源和智力支持。在全球化的今天，这对弘扬中国的传统文化有着积极的意义。在提升学生的跨文化意识之后，让学生完成翻译练习，这不仅能够强化学生的翻译技能，而且能够开阔学生的文化视野。

第四节　信息化时代交互式教学模式运用

教学模式须具备两大要素，即一定的指导思想以及该思想指导下的相对稳定的教学过程。信息化时代下的交互式教学模式，是在建构主义理论的指导下，借助信息化技术的辅助，在大学英语翻译课堂上实现的多元深层次、全过程交互的教学过程。

大学英语交互式教学模式赋予了大学英语教学更多的趣味性以及互动性，是提升学生的语言综合运用能力的一个重要渠道，在当今众多大学英语教学理论和模式的探索中已成为主流。交互式教学模式符合建构主义的基本理论和指导思想，英语教学是一种培养学生交流能力的过程，尤其是翻译教学是两种语言之间的转换，更需要教学方式被动灌输向主动建构转变，学习过程由独自进行向互助合作转变，师生关系由对立控制向对话交往转变。

网络技术的高度发展满足了教育领域对教育信息技术的需求，催生了信息化教学的产生。信息化教学是指以现代教育理念为指导，以信息技术为支持，运用现代教育方法的教学。具体而言，就是运用信息技术手段，使教学的所有环节实现数字化，从而提高教育质量和效率，形成适应信息化社会要求的新教育模式。信息化时代背景下的交互式翻译教学模式的运用，分为课前准备、课堂成果展示、课堂讨论与总结三个环节。

一、交互式教学模式的课前准备

为了让学生充分参与课堂任务，激发学生的学习兴趣和求知欲，教师应利用网络教学平台发布预习任务，并将课前任务资料上传到教学平台课程资料区，并设置与下一次上课需要翻译的文本相关的问题，将学习的主体地位交给学生。教师不仅要让学生回答自己设置的问题，还要引导学生思考设置问题的用意何在，通过分析问题、解决问题进行问题分类，培养学生的积极翻译思维意识。

针对英译汉和汉译英两种不同的翻译类型，所设置的问题也有所侧重。英译汉的翻译要侧重提问原文中出现的疑难词句和模糊意义，以及学生容易忽视和误解的重点和难点，这样不仅可以培养学生的翻译思维和意识，还可以培养学生认真踏实的学习精神和态度。汉译英的翻译要侧重汉语文本中涉及的文化要素和文化内涵，注重两种语言之间的跨文化交际，这就需要教师在日常的教学中引导学生关注其他国家的历史、地理、人文等知识，才能在两种语言的转换之间做到胸有成竹。

二、交互式教学模式的课堂成果展示

课堂上教师讲解完本堂课的主要内容、重点、难点（每学时90分钟，教师讲解环节控制在30分钟以内）之后，由挑选出的学生代表，轮流展示本组的研究成果，包括设置问题的答案和分类总结、译文的背景知识、小组讨论的争议之处或结果、翻译的思路等。学生以组为单位对其他小组的展示发表意见并评分。最终，由教师进行评价，结合各小组的表现，选出本周最佳小组。在实际的翻译过程中，参照专业翻译公司的译审模式。

三、交互式教学模式的课堂讨论与总结

完成任务文本的翻译并不是翻译教学的终极目的，对学生翻译作品的讨论和赏析也是培养学生积极的翻译思维，是提高学生翻译能力的重要环节。不同的学生对同一文本都有不同的解读，这正是激发学生翻译兴趣的良好机会，会迸发出更多的智慧。另外，师生应按照原文翻译的目的和侧重点共同鉴赏评析，进行客观中肯的评价。全班同学一起讨论疑难困惑，共同分享成功建构知识的成就感和喜悦感。

总而言之，在信息化时代背景下，交互式教学模式在大学英语翻译教学中的运用，为如今大学英语教学的理论改革和实践提供了方向和动力。作为一名新时代的大学英语教师，一定要从加强自身学习出发，提高自己的理论功底和实践水平，运用现代化信息技术手段，切实提高学生的翻译能力，发展学生语言综合运用的能力。

参考文献

[1] 魏洁. 功能翻译理论在大学英语教学中的价值与应用 [J]. 科教文, 2020 (34): 187.

[2] 刘秀娟. 大学英语翻译教学中理论与技巧的渗透 [J]. 大学教育, 2015 (10): 95.

[3] 陈少琼. 英语翻译中直译和意译的比较与融合研究 [J]. 内江科技, 2022, 43 (1): 147.

[4] 张潇艺. 英语翻译中的意译研究 [J]. 现代交际, 2020 (5): 76.

[5] 朱玲意. 论商务英语的写作 [J]. 西部皮革, 2016, 38 (2): 281.

[6] 张翼飞. 商务英语合同的词汇特点及翻译技巧 [J]. 中国商贸, 2011 (21): 237.

[7] 李璐. 混合式教学模式下大学英语翻译教学的创新研究 [J]. 英语广场 (下旬刊), 2022 (7): 75.

[8] 姚同安. 大学英语翻译教学摭谈 [J]. 大学教育, 2015 (11): 93.

[9] 雷黎, 龙玲珑. 信息技术环境下大学英语翻译教学改革研究 [J]. 环球市场, 2017 (32): 157.

[10] 陆莉莉. 信息技术环境下英语翻译教学模式构建 [J]. 高教学刊, 2016 (17): 133.

[11] 冯良亮. 论翻译教学与大学英语综合应用能力培养的关系——基于语篇翻译的视角 [J]. 校园英语 (中旬), 2016 (5): 74.

[12] 靳静波. 跨文化交际视野下大学英语教学改革路径探究 [J]. 黑龙江工程学院学报, 2020, 34 (6): 68.

[13] 李红霞. 大学英语教学研究 [M]. 天津: 天津科学技术出版社, 2017.

[14] 吕文丽, 庞志芬, 赵欣敏. 信息化时代下的大学英语教学改革探索 [M]. 长春: 吉林大学出版社, 2018.

[15] 欧阳智英. 转译法在英汉翻译中的运用 [J]. 文教资料, 2017 (20): 14.

[16] 魏丽珍, 张兴国. 高校英语教学的生态特性及教学定位探究 [J]. 环境工程, 2022, 40 (2): 2.

[17] 吴丹. 跨文化意识下的旅游英语翻译教学 [J]. 海外英语, 2014 (10): 168.

[18] 徐代. 跨文化翻译中的异化与归化分析 [J]. 海外英语, 2018 (23): 163-164.

[19] 徐玉书. 新时期高校英语混合式教学模式构建与管理——评《课堂教学与管理艺术》[J]. 科技管理研究, 2021, 41 (1): 216.

[20] 杨丹 . 翻译美学理论视角下的散文英译 [J]. 散文百家（理论），2022（3）：89.

[21] 杨柳，王涵 . 论现代文化的象征性 [J]. 青春岁月，2015（12）：542.

[22] 余静娴 . 大学英语通用翻译教程 [M]. 北京：对外经济贸易大学出版社，2014.

[23] 臧庆 . 信息时代多元文化交融对高校英语教学的影响研究 [J]. 食品研究与开发，2021，42（24）：242.

[24] 何靖 . 浅谈种子学科英语翻译的策略 [J]. 种子，2021，40（9）：144-148.

[25] 张云霞 . 小说翻译的两大基本技巧 [J]. 开封文化艺术职业学院学报，2020，40（6）：43.

[26] 赵红军 . 英语翻译基础 [M]. 沈阳：东北大学出版社，2014.

[27] 赵艳 . 跨文化交际与英语思维教学研究 [M]. 长春：吉林大学出版社，2017.

[28] 石雏凤 . 浅谈大学英语翻译教学之文化篇 [J]. 大观周刊，2013（14）：119.

[29] 周婷 . 大学英语翻译技巧与实践教程 [M]. 武汉：华中科技大学出版社，2017.

[30] 方燕芳 . 英语思维与英语教学 [M]. 成都：电子科技大学出版社，2017.

[31] 王广秀 . 浅谈大学英语翻译教学策略 [J]. 海外英语（上），2021（10）：212.

[32] 陈洁 . 英语新词汇的特点及翻译技巧 [J]. 校园英语（教研版），2011（6）：84.

[33] 黄宇 . 从中西思维差异浅谈商务英语句式的翻译——以产品推介翻译为例 [J]. 海外英语（上），2022（3）：23.

[34] 宋聚磊 . 汉语重叠与其英译双重对比研究——以《西游记》和两译本为例 [J]. 北京科技大学学报（社会科学版），2022，38（5）：543.

[35] 靳成达 . 信息化环境下人工智能在大学英语教学中的应用研究 [J]. 长春师范大学学报，2022，41（7）：163.

[36] 王丽娅 . 基于 MOOC 环境的大学英语翻译教学 [J]. 教育界，2016（30）：141.